Conheça a **alma** dos **animais**

EDITORA EME

Solicite nosso catálogo completo, com mais de 300 títulos, onde você encontra as melhores opções do bom livro espírita: literatura infantojuvenil, contos, obras biográficas e de autoajuda, mensagens espirituais, romances palpitantes, estudos doutrinários, obras básicas de Allan Kardec, e mais os esclarecedores cursos e estudos para aplicação no centro espírita - iniciação, mediunidade, reuniões mediúnicas, oratória, desobsessão, fluidos e passes.

E caso não encontre os nossos livros na livraria de sua preferência, solicite o endereço de nosso distribuidor mais próximo de você.

Edição e distribuição

EDITORA EME

Caixa Postal 1820 - CEP 13360-000 - Capivari - SP
Telefones: (19) 3491-7000/3491-5449
vendas@editoraeme.com.br - www.editoraeme.com.br

Severino Barbosa

Conheça a **alma** dos **animais**

Capivari-SP
– 2010 –

A Editora EME mantém o Centro Espírita "Mensagem de Esperança", colabora na manutenção da Comunidade Psicossomática Nova Consciência e patrocina, junto com outras empresas, a Central de Educação e Atendimento da Criança (Casa da Criança), em Capivari-SP.

4ª edição - setembro/2010 - Do 5.501 ao 6.000 exemplares

Capa:
André Stenico

Revisão:
Izabél Braghero

Diagramação:
Abner Almeida

Revisado de acordo com o
Novo Acordo Ortográfico da Língua Portuguesa

Ficha catalográfica elaborada na editora

Barbosa, Severino.
Conheça a alma dos animais. Severino Barbosa, (1ª edição - dezembro/2009), 4ª edição - setembro/2010, Editora EME, Capivari-SP.
168 p.
1 - A alma dos animais na ótica espírita.
2 - Alma dos animais. Inteligência e sentimento dos animais

CDD 133.9

Sumário

Introdução

NUNCA esteve em meus planos escrever um livro sobre os animais, embora seja, por tendência natural, observador curioso do comportamento deles. E gosto deles.

E por que me interessei?

Como tudo na vida tem uma causa, já que não existem acasos, recordo que ao comprar um jornal na banca de revistas, deparei-me com a *National*

Geographic, edição março 2008, em cuja capa traz estampada a foto de uma cadela e, logo acima, esta indagação: ELA PENSA? (como os cientistas estão decifrando a inteligência dos animais).

Comprei a Revista e li com a curiosidade de uma criança.

Daí nasceu a ideia de escrever a presente obra *Conheça a alma dos animais*.

A ideia cresceu e me senti com o dever de pesquisar o assunto em fontes seguras, notadamente os clássicos do Espiritismo, tais como Gabriel Dellane e Léon Denis, também seus contemporâneos (século dezenove) os cientistas, antropólogos e filósofos famosos Charles Robert Darwin, autor de *A Origem das Espécies* e colhemos subsídios em *O Problema do Ser, do Destino e da Dor*, do sábio Léon Denis, sobre as doutrinas evolucionistas de Spencer e Haeckel, considerados na época os papas do evolucionismo.

Entretanto, toda a estrutura do nosso trabalho está na Filosofia Espírita, contida em *O Livro dos Espíritos* que, por sinal, em abril de 2007, completou um século e meio de existência, espargindo a luz do Espiritismo pelo mundo inteiro.

Os animais têm alma?

Os animais pensam, têm inteligência, raciocinam, amam, odeiam, guardam ressentimentos, são fiéis aos seus donos e por estes se suicidam, comunicam-se entre si através de linguagem própria , etc.

Semelhantemente aos homens, nascem, vivem, morrem, renascem e evoluem. Por isso e algo mais, eles também têm alma.

Porém, se quisermos que eles sejam dotados de uma alma igual a do homem, isto é inteiramente impossível. A diferença está somente em graus de progresso.

Conta-se que certa vez, numa entrevista em televisão, perguntaram ao pesquisador espírita Carlos Imbassahy (pai) se os animais têm alma. Claro que ele respondeu que sim e fundamentou.

A segunda pergunta foi se uma pulga tem espírito. A resposta foi sim, só que o princípio inteligente que anima a pulga é correspondente à sua estrutura psíquica e ao seu grau de evolução na escala das diversas espécies animais.

Nós, os humanos, somos a síntese da seleção natural de todas as formas de seres vivos do planeta. Somos a obra prima da Criação de Deus.

Os estudiosos das origens do homem e dos animais, observando que dentro das suas próprias espécies, uns são mais inteligentes do que outros, estão concluindo que os animais evoluem no aspecto físico-biológico e simultaneamente no aspecto anímico, ou seja, no aspecto inteligente e psíquico.

Os naturalistas, antropologistas, paleontólogos e outros cientistas, através de pesquisas, concluem também que a espécie humana é o aperfeiçoamento de outras raças inferiores; que os animais de inteligência mais desenvolvida são a evolução de espécies inferiores. Que essa seleção, realizada pela própria Natureza, é regida pela Lei Universal de Evolução.

E que, segundo essa lei, tudo que nasce precisa morrer, para renascer mais aperfeiçoado. É assim que a Natureza perpetuamente se renova. Recicla-se incessantemente.

Infelizmente, os materialistas e ateus, embora muitos sejam sábios, não aceitam essa realidade.

Paciência! É lei da Natureza.

Deus, para fazer Suas leis, não tem que consultar ninguém.

OS ANIMAIS TÊM ALMA?

Veremos.

RECIFE, inverno de 2008.

Capítulo

01

Semelhança entre o homem e os animais

TODO homem observador, sem que, necessariamente, seja um sábio naturalista, facilmente perceberá a interessante semelhança que existe entre o ser humano e os seus irmãos animais.

A diferença é que o homem atingiu o patamar mais avançado no processo evolutivo. É componente da humanidade e o animal ainda permanece na etapa da animalidade.

Entretanto, os estudiosos do comportamento animal, após exaustivas pesquisas e observações, concluíram que é curiosamente insignificante a diferença do homem para o macaco.

Vejamos que relato interessante.

O cientista francês, Gabriel Delanne, discípulo de Allan Kardec, em sua obra *Evolução Anímica*, editada pela FEB, 4ª. edição, pág.60, registra o depoimento do notável sábio naturalista inglês, Charles Darwin, autor de diversas obras, entre as quais *A Descendência do Homem* e *A Origem das Espécies*.

Em seu depoimento, diz Darwin que na viagem do "Beagle", espantou-se ao avistar os "fueguinos", habitantes da região.

Relata: "Ao contemplar tais seres, é difícil acreditar sejam nossos semelhantes e conterrâneos... À noite, cinco ou seis criaturas dessa espécie, nuas e mal protegidas das intempéries de um clima horrível, deitam-se no solo úmido, encolhidas sobre si mesmas e confundidas como verdadeiros brutos".

Segundo Delanne, o cientista francês Ave-Lallement, em sua viagem ao Brasil, no ano 1859, pesquisou diversas tribos ameríndias e comparou tais selvagens aos macacos adestrados e chegou à conclusão de que esses seres não passavam de macacos bímanos.

Confirmando essa conclusão, como escreve Delanne, o naturalista Burmeister afirmou que muitos selvagens do Brasil se comportavam como animais, desprovidos de qualquer inteligência superior.

Outros naturalistas europeus, ao visitarem regiões montanhosas das Filipinas, se surpreenderam ao se depararem com homens que emitiam vozes e gestos, com estreita semelhança aos macacos.

Acrescenta Delanne que ao final do século dezenove, os pesquisadores encontraram seres humanos habitando em cavernas da Serra Nevada. Essas criaturas foram avaliadas pelos naturalistas com vários graus abaixo dos macacos orangotangos.

Esses cientistas custaram admitir que, ao lado da civilização, existissem seres tão animalizados.

São selvagens tão assemelhados aos animais, que quase não têm consciência de que existem.

Conforme depoimentos dos pesquisadores, essas criaturas não sabiam fazer fogo, nem muito menos cultivar a terra, para sua subsistência.

À semelhança dos homens primitivos das cavernas, se alimentavam de sementes e raízes arrancadas à unha. E consideravam um banquete quando encontravam insetos, caranguejeiras, ratos, lagartos e cobras para comerem.

Perambulavam pelas florestas, incapazes mesmo de construírem uma choupana. Preferiam o abrigo das árvores.

Abrimos um parêntese para informar que, há pouco tempo, assistimos alguns documentários de tribos selvagens, localizadas nas ilhas da Nova-Guiné. Os hábitos e costumes dos habitantes dessas tribos são semelhantes aos dos chimpanzés.

Ainda hoje, por incrível que nos pareça, existem tribos que se alimentam dos cadáveres uns dos outros. São antropófagos.

Assim, pode-se dizer que a semelhança entre os animais e o homem é tão palpável, que os médicos não sabem dizer com absoluta certeza, se uma bacia de carne ensopada de sangue é de homem ou de algum animal.

É oportuno lembrar que os homens e os animais passam pelo mesmo processo estabelecido pelas leis naturais: nascimento, morte e renascimento, ressaltando-se que, os corpos que lhes servem de habitação são compostos dos mesmos elementos que retornam ao laboratório da Natureza, para, depois, entrarem na composição de outros corpos.

É como dizia Lavoisier, o sábio francês: "Em a Natureza nada se cria, nada se destrói. Tudo sofre transformações incessantes".

E o mestre Allan Kardec, em sua notável sabedoria, voou mais alto: "nascer, morrer, renascer, - e evoluir sempre -, tal é a lei".

Os sábios, antigos e modernos, confirmam a sentença de Jesus ao rabino Nicodemos: "Em verdade, em verdade, digo-te: ninguém pode ver o reino de Deus se não nascer de novo". (Mateus, cap. XI, v 12/15).

Jesus, aí, não se referia ao batismo pela água, nem tão pouco ao renascimento pela reforma interior, uma vez que o assunto abordado por Nicodemos era sobre reencarnação, evidentemente.

Interessante é que Jesus, para não deixar dúvida, acrescentou: "Ouçam aqueles que têm ouvidos de ouvir". Ou seja: aceitem aqueles que têm madureza de espírito para aceitar a reencarnação.

Já que estamos falando de nascer de novo, vamos dar mais dois reforços.

O profeta Isaías, inspirado por Deus, disse: "Aqueles do vosso povo a quem a morte foi dada, viverão de novo; aqueles que estavam mortos em meio a mim, ressuscitarão; despertai do vosso sono e entoai louvores a Deus, vós que habitais no pó; porque o orvalho que cai sobre vós é um orvalho de luz, e porque arruinareis a Terra e o reino dos gigantes". (Isaías, cap. 26, v 19).

As palavras de Deus, através do profeta Isaías, levam-nos ao entendimento de que os judeus, embora não tivessem uma ideia bem formada sobre a reencarnação, aceitavam a volta do Espírito a outros corpos com o nome de ressurreição, consoante esclarece Kardec em *O Evangelho Segundo o Espiritismo*, cap. IV.

O profeta Jeremias, no cap. I, v 4/5, diz com a maior clareza: "A mim me veio, pois, a palavra do Senhor, dizendo: Antes que eu te formasse no ventre materno, eu te conheci, e antes que saísses da madre (mãe), te consagrei e te constituí profeta às nações".

A Bíblia está certa. Claro que Deus conhecia os

Espíritos de todos os profetas, muito antes que eles se aninhassem nos ventres de suas mães, pela reencarnação.

E se Deus permitia que os Espíritos reencarnassem com a missão de profetas, por que não permitiria aos demais Espíritos? Por que a lei era somente para alguns e, para outros, não?

Ora, se Deus permite que os Espíritos encarnem uma vez, por que NÃO tantas vezes sejam necessárias ao seu progresso moral e intelectual?

Feitos esses esclarecimentos necessários, voltemos ao nosso assunto sobre os animais e o homem.

Se observarmos o comportamento dos animais, veremos que, à semelhança do homem, eles têm inteligência, instintos e sensibilidade.

Como bem afirma Delanne, os animais não agem só por instinto, como muita gente pensa. Entretanto, se quisermos que sua inteligência, seus instintos e sensibilidade sejam iguais aos do homem, isto é impossível, tendo em vista a diferença dos graus de evolução entre eles e nós. Eles são dotados daquelas faculdades, mas de forma primitiva, rudimentar.

Capítulo 02

Os animais e suas faculdades intelectuais e morais

SEGUNDO Gabriel Delanne, que fixa suas bases de estudos em pesquisas de outros sábios antigos e modernos, analisando as faculdades morais e intelectuais dos animais, trazendo à discussão o velho axioma "todo efeito inteligente tem uma causa inteligente, e que a grandeza do efeito é diretamente proporcional à grandeza da causa", ele diz que, se o animal executar ações inteligentes, é porque é dotado de inteligência, e se esses atos forem da mesma índole que se percebe nas pessoas, evidentemente se conclui que tal inteligência é semelhante à da alma do homem, "de vez que, na criação, somente a alma é dotada de inteligência". (*Evolução Anímica*, pág.63).

Delanne adianta que esse princípio nos dá, logicamente, o direito de concluir que o princípio inteligente (alma) que habita o corpo do animal "é da mesma natureza que a humana, apenas diferenciada no desenvolvimento gradativo".

Às vezes, quando falamos que os animais também têm alma e, portanto, possuem inteligência, memória, discernimento, sentimento e tantas outras faculdades próprias do ser humano, muitas pessoas ignoram, achando mesmo que essa verdade menospreza a dignidade humana.

Essa comparação não traz rebaixamento moral a ninguém. Até porque o homem tem o privilégio de ser a obra prima da Criação de Deus.

Diríamos, pois, que o próprio bom-senso aprova essa verdade, sem mesmo avaliar a veracidade dos fatos, observados pelo comportamento dos animais. Veja-se a borboleta e o crocodilo, o sapo e o gato, etc.

Observe-se a inteligência, a memória, o julgamento, o raciocínio, a associação de ideias e os sentimentos dos golfinhos, dos cães, dos cavalos, dos elefantes e sobretudo dos macacos.

Você conhece a história da raposa e do ganso?

Quem relata essa história verdadeira é Delanne em sua obra acima citada, para mostrar que os animais também são dotados da faculdade de reflexão.

Vamos resumir.

Certa vez um cidadão, através da janela da sua residência, já pelas tantas da madrugada, vê uma raposa conduzir sua presa, um ganso. Ao se defrontar com um muro alto, ela tentou transpor o obstáculo sem largar o ganso, preso aos dentes, mas não conseguiu. Repetiu a tentativa por mais três vezes. Inútil.

Após o fracasso, ei-la assentada, curiosa, como se estivesse medindo a altura do obstáculo. E de repente segurou o ganso pela cabeça e levou-o de encontro ao muro num pulo final e, de uma forma incrível, conseguiu enfiar o bico da presa numa brecha do muro, saltando depois para cima

De cima do muro curvou-se jeitosamente até tomar o ganso e atirá-lo para o outro lado. Desceu, pegou sua preciosa presa e seguiu seu caminho.

Outro caso interessante.

Segundo Delanne, no Jardim Zoológico de Viena havia um urso muito inteligente.

Em certa ocasião, o animal, querendo apanhar uma fatia de pão que flutuava na água fora da jaula "teve a ideia engenhosa de revolver a água com a pata e formar uma corrente artificial".

Evidentemente, o animal formou a corrente artificial trazendo o apetitoso pedaço de pão em sua direção.

A ideia do urso foi genial. Ele e a raposa demonstraram possuir ideia de cálculo, de raciocínio e de decisão. Obraram com mais inteligência do que certos indivíduos humanos.

Capítulo 03

Inteligência e reflexão dos animais

A QUESTÃO sobre se os animais agem somente impulsionados pelos instintos ou também pela inteligência, sempre foi matéria polêmica, sobretudo nos meios científicos.

Mas hoje, com o avanço da Ciência e depois de pesquisas mais minuciosas e observações mais aguçadas da vida animal, comparada com o comportamento do animal humano, a maioria dos cientistas vem mudando de ideia, chegando à conclusão de que os animais agem com inteligência e raciocínio, muito embora neles a ação seja mais demorada em relação aos humanos.

Embora os animais não sejam médiuns propriamente ditos, porque Espíritos humanos não se comunicam por animais, nem tampouco almas de animais se comunicam por médiuns humanos, são os animais dotados de faculdades de percepções altamente desenvolvidas, algumas das quais mais precisas que as dos humanos.

Reportando-se à inteligência e demais faculdades de que são dotados os animais, Allan Kardec em *O Livro dos Médiuns*, no cap. XXII, que trata da mediunidade nos animais, diz: "Incontestavelmente, não se lhes pode recusar uma certa dose de inteligência relativa, mas preciso se torna convir em que, nesta circunstância, a perspicácia deles ultrapassaria de muito a do homem, pois ninguém há que possa lisonjear-se de fazer o que eles fazem. Fora mesmo necessário supor-lhes, para algumas experiências, um dom de segunda vista superior ao dos sonâmbulos mais lúcidos".

Prossegue Kardec em seu raciocínio lógico: "Sabe-se, com efeito, que a lucidez é essencialmente variável e sujeita a frequentes intermitências, ao passo que nesses animais seria permanente e funcionaria com uma regularidade e precisão que em nenhum sonâmbulo se veem. Numa palavra: ela nunca lhes falha".

Como vemos, o próprio Allan Kardec reconhece que determinados animais são dotados de faculdades psíquicas tão desenvolvidas e tão precisas que parecem estar acima da dupla vista "dos sonâmbulos mais lúcidos".

Essas faculdades que Kardec chama "dom", evidentemente não são inerentes ao físico do animal, mas sim, à sua alma.

O sábio francês, Gabriel Delanne, em sua obra anteriormente citada, relata casos curiosos, dos quais uma boa parte ele extraiu da *Revista Científica*, edição de 4 de janeiro de 1879.

Vamos aos fatos.

Diz o discípulo de Kardec que no Jardim Zoológico de Viena, do qual já falamos no capítulo anterior, havia uma quantidade enorme de ursos. Com receio de que a proliferação desses animais ficasse fora de controle, a direção do Zoológico decidiu eliminar alguns deles.

Com essa finalidade lançaram bolos envenenados para dois ursos. Entretanto, os animais, mesmo famintos, apenas cheiraram os alimentos e fugiram. Mais tarde, como o veneno era ácido prússico, os ursos, atraídos pelo cheiro, voltaram e empurraram os bolos com as patas para a bacia do fosso, onde os remexiam.

Nesse processo, os ursos farejavam e, à proporção que o tóxico se evaporava, apressavam-se a comer os bolos.

Segundo Delanne, esse comportamento inteligente dos ursos salvou-lhes a vida. Foram perdoados.

Diante de fatos dessa natureza, como se pode negar a inteligência dos animais?

Um amigo de Delanne, Sr. Torrebianca, falando da inteligência dos animais, mas ainda duvidoso, relata que certa vez estava sentado com a família junto da lareira, todos se esquentando ao frio intenso, enquanto os empregados assavam as castanhas nas cinzas.

De repente, - diz ele -, um macaco de estimação já estava de olho nas castanhas, mas não sabia como apanhá-las sem se queimar. O animal olhou para cima, olhou para baixo, como a raciocinar, e eis que, de súbito, joga-se sobre um gato sonolento, aperta--o com força contra o peito. Em seguida, agarra uma pata do gato e, com ela, puxa as castanhas quentes.

Resultado: o gato miou desesperadamente e ambos debandaram, o macaco com o seu furto e o gato com a pata queimada.

Como vemos, o macaco foi malandro.

Interessante é que o amigo de Delanne teimou dizendo que os animais não têm raciocínio.

Curioso é que se você adotar ao mesmo tempo uma criança e um chimpanzé, e observar atentamente o comportamento de ambos, você não saberia a diferença de um para outro.

Essa é a conclusão dos naturalistas.

Diga-se de passagem, que a conclusão é bastante lógica.

Prossegue Delanne em seus relatos interessantes.

Conta-nos que uma vespa tentou transportar o cadáver de uma mosca, mas percebeu que as asas desta lhe dificultavam o voo. A vespa, inteligentemente, tomou sua decisão: pousou sobre a mosca, cortou-lhe as asas e voou facilmente, transportando o cadáver do inseto, preso em suas patas.

Mais outro caso curioso.

Dava gosto ver um elefante se esforçar, inutilmente, para apanhar uma moeda junto de uma muralha. De repente começou a soprar e fez com que a moeda rolasse até o ponto em que ele se encontrava e, assim, conseguiu o que desejava.

A ação do animal não foi apenas instintiva. Foi inteligente. Fez uso da reflexão, tanto ele, quanto a vespa.

Outro caso interessante é o do canguru.

Esse animal foi perseguido por um cão, mas para se defender atirou-se ao mar, e aí, sempre seguido de perto, continuou nadando e ficou só com o nariz de fora, o suficiente para respirar. Feito isso, aguardou que o cão viesse ao seu encontro. E aí, sem que o perseguidor percebesse, o canguru deu-lhe um bote certeiro e o fez mergulhar. Tê-lo-ia afogado, caso seu dono não o socorresse.

Contra fatos não há argumentos.

Com as maiores evidências, não se pode negar: o nosso irmão canguru usou sua invejável inteligência, em forma de malícia, para afogar seu inimigo, o pequeno cão. Preparou a armadilha e seu perseguidor caiu direitinho.

Não podemos ignorar a verdade de que os animais são curiosos, têm amor-próprio e até que imitam os homens. Para se tirar essa conclusão, basta observá-los com paciência.

Segundo os naturalistas, a curiosidade é desenvolvida mesmo nos animais das espécies menos inteligentes, como por exemplo, nos peixes, nos lagartos, etc, mas ela cresce nos patos selvagens, nos cabritos monteses e no gado.

Já pensaram nos animais selvagens das savanas? Dá prazer ver a curiosidade dos leões, rinocerontes, dos gnus, das gazelas, dos leopardos, dos crocodilos, das zebras, hipopótamos, ursos e tantos outros, notadamente quando deparam-se com criaturas humanas em seu habitat.

Essa curiosidade se torna superabundante, - escreve Delanne –, mesmo irresistível, nos macacos, que já sinalizam características bem marcantes da curiosidade das pessoas humanas.

Essa curiosidade dos macacos demonstra com clareza, o desejo que esses animais têm de compreender, enfim, de penetrar o sentido das coisas.

Como diz Delanne, o macaco é dotado da faculdade de examinar atentamente as coisas que lhe despertam interesse. O famoso naturalista M. H. Fol, depois de exaustivas pesquisas, chegou a dizer que o macaco sabe "absorver-se completamente no exame de um objeto, passando horas a fio para compreender um mecanismo, e chegando, mesmo, a esquecer o alimento e tudo que o rodeia.

Quer dizer: nesse sentido, o macaco não é tão diferente dos humanos".

Em relação ao amor-próprio dos animais, observam os estudiosos que os cachorros não roubam os alimentos de seu dono, porque sentem vergonha e demonstram satisfação ao serem aplaudidos.

A esse respeito, que o digam os donos de cães de raça pura, que participam de campeonatos mundiais, ocorridos anualmente nos Estados Unidos da América do Norte.

Segundo seus donos, a plena alegria da vitória é manifestada através dos olhos do animal, que ficam vivos e brilhantes, bem assim pela forma como é sacudida a sua cauda. É reflexo do amor-próprio.

Diz Delanne que o estudioso Sanson, em sua obra *SELECTION*, afirma estar sobejamente provado que os cavalos de corrida têm sensibilidade aos elogios e se orgulham da vitória.

E cita um exemplo, entre tantos outros: "Tal o caso do cavalo Forster que, depois de um tirocínio longo e sempre invicto, ao ver-se uma vez na iminência de ser batido por seu rival Elefhant, já perto do posto de chegada, precipitou-se num salto desesperado e agarrou com os dentes o rival, no intuito de conjurar uma derrota jamais conhecida. E não foi sem muito esforço que conseguiram sequestrar-lhe a presa. Outro cavalo em condições semelhantes, também agarrou o rival pelos jarretes". (*Evolução Anímica*, pág.67, 4ª. edição - FEB).

Como vemos, o cavalo, orgulhoso, não quis ceder seu lugar de sempre campeão, ao seu rival.

Ninguém se surpreenda em saber que o macaco, o elefante, o cão e o cavalo, são extremamente sensíveis aos elogios dos humanos. Também são sensíveis aos ridículos e às zombarias dos seus donos.

Vemos essas demonstrações em grandes Circos.

Delanne cita um caso ocorrido com o estudioso M. Romanes. Este diz que certa vez divertia-se com seu cão, que tinha a mania de caçar moscas que pousavam na vidraça, mas acontecia que a maioria delas escapava. E Romanes dava as suas gargalhadas, zombando do cachorro, cada vez que o animal era mal sucedido.

O cão ficou muito sensibilizado com o deboche do seu estimado dono. Decepcionado, de repente o cão teve uma ideia: fingiu haver caçado uma mosca e esmagá-la de encontro ao solo. Mas o Sr. Romanes não se iludiu e deu-lhe uns carões, pela impostura. Foi o bastante para que o animal se sentisse duplamente envergonhado e se ocultasse debaixo dos móveis.

Foi instintivo?

Claro que não!

O cão sentiu mais vergonha do que certas pessoas, ao serem apanhadas em erros.

O animal demonstrou possuir amor-próprio.

Com referência à capacidade de imitação dos animais, Gabriel Delanne nos dá conta de que os macacos orangotangos e chimpanzés são os mais hábeis na arte de abrir fechaduras. Aprenderam por imitação.

Conta que no Jardim Zoológico de Dresde, uma macaca chamada Mafuca, desejando ficar livre para sair à vontade da sua gaiola, teve a ideia de roubar e esconder, cuidadosamente, as chaves. E assim, saía e voltava quantas vezes queria.

A exemplo desses animais, altamente inteligentes, agora recordamos o Canal Animal Planet, exibindo cães, gatos, cavalos, macacos, cabras, papagaios, aprenderem por si mesmo, e outros por imitação dos seus donos, a tocarem campainhas, abrirem portas e levarem cartas e correspondências aos seus donos.

Nesse canal de televisão, além de outras demonstrações da existência de inteligência e sensibilidade dos animais, vemos até macacos cavalgando em cães, leoas adotando gazelas recém-nascidas (e note-se que as gazelas são os pratos prediletos dos leões).

Vemos também, entre tantos outros exemplos, velórios de elefantes e de hipopótamos, todos eles demonstrando sentimento pela perda dos seus companheiros.

Finalmente, o que se precisa mais dizer para convencer os céticos acerca da alma inteligente e sensível dos nossos irmãos, os animais?

Capítulo

04

Psiquismo animal (I)

O CÉLEBRE naturalista inglês, Charles Darwin, em sua obra *Descendência do Homem*, observando com profundidade as ações e as reações dos animais, conclui, conforme anota Delanne, que estes também possuem uma linguagem para se comunicar uns com outros. Além disso, eles também são dotados da faculdade rudimentar de previsão de acontecimentos trágicos.

Essa conclusão nos faz lembrar o Espírito

Emmanuel: "Os animais têm a sua linguagem, os seus afetos, a sua inteligência rudimentar, com atributos inumeráveis".

Quanto à linguagem de que fala Darwin acima, os animais da mesma espécie se comunicam entre si com facilidade.

O naturalista cita o cão doméstico como exemplo. Ele observou que os cães de casa, diferentes dos seus ancestrais selvagens, latem com impaciência, como numa caçada; rugem, quando estão coléricos; quando estão presos, emitem grunhidos e uivos de desespero; quando vão passear, latem com alegria e movimentam a cauda; e quando lhes abrem a porta, antes o latido é de súplica.

Como vemos, a linguagem é expressa pelas formas diversas de latir. E estas, por sua vez, expressam os desejos e os sentimentos dos cães.

Diz Delanne que a linguagem expressa, por sinais ou gestos, é muito desenvolvida nos animais que vivem agregados, como os cães selvagens, os cavalos em liberdade, os elefantes, as formigas, abelhas, castores, etc.

Não há de se duvidar de que esses animais se compreendem.

Temos conhecimento através dos relatos de historiadores, que muitos cães e gatos se permitiram morrer de fraqueza em virtude do falecimento dos seus donos.

E muitos, além de não abandonarem os leitos dos

seus senhores antes da morte, também os acompanharam ao cemitério e lá permaneceram até a morte, por inanição e desgosto.

É curiosa a história que Allan Kardec conta à pág. 51/52 da *Revista Espírita*, em sua edição de fevereiro de 1867.

Vamos aos fatos.

O codificador relata que o cão pertencia ao cidadão Home, residente numa localidade próxima a Rochester. Seus donos suspeitaram que o animal estava doente de hidrofobia. Por essa razão era evitado e afastado da casa.

Por ser desprezado, perceberam que o cão demonstrava profundo desgosto, pois, pouco a pouco foi deixando de se alimentar, além de se mostrar mal humorado e magoado. Entretanto, não manifestava nenhum sintoma de hidrofobia.

Numa sexta-feira, diz Kardec, o animal se dirigiu à residência de um amigo do seu dono, mas também foi rejeitado. O animal, triste, emitiu uivos de profundo lamento. Ainda esperou algum tempo na frente da casa, esperando algum carinho, alguma atenção.

Um profundo desprezo invadiu-lhe a alma. Viram-no partir em direção ao rio, emitir mais um uivo de adeus, mergulhar e passar alguns minutos submerso.

Ao reaparecer à superfície, estava morto. O suicídio do cão foi testemunhado por grande número de pessoas da região.

Interessante é que pelos exames foi constatado pelos médicos que o animal não estava hidrófobo.

Curioso é que o cão, de forma análoga a qualquer criatura humana, fez uso dos rudimentos do seu livre-arbítrio. Como revelou através do seu comportamento, entre continuar vivendo e morrer, ele tomou essa última decisão.

Qual a explicação compreensível e racional desse fato, senão a que foi esclarecida acima?

O animal foi rejeitado. Por isso, a tristeza e a depressão invadiram-lhe o psiquismo. E daí, o suicídio livre e espontâneo.

Kardec, em sequência a esse fato, cita mais dois casos interessantes narrados pelo pensador Montaigne, de três cães que se suicidaram por desgosto.

Hyrcanus era o nome do cão do rei Lysimachus. Este faleceu e o animal, obstinado, permaneceu em cima da sua cama, sem beber e sem comer.

No dia do enterro do seu estimado dono, que foi queimado, o cão correu e atirou-se ao fogo. E também morreu queimado.

Foi ou não um ato deliberado de suicídio? Claro que sim!

O segundo caso, igual ao primeiro, foi do cão de Pyrrhus. O animal não saiu de sobre o leito do seu dono desde que este morreu.

O corpo de Pyrrhus foi levado para ser cremado na fogueira e, de súbito, o cão se atirou ao fogo, onde ambos foram queimados.

Montaigne, em seu terceiro caso, diz que ele próprio foi testemunha do fim trágico de um cão, que de repente perdeu a graça do seu dono. E assim, triste, desconsolado, depressivo, achou que a vida para ele não tinha mais sentido.

Nesse deplorável estado de espírito, precipitou-se do alto de uma passarela no canal Saint-Martin, suicidando-se. Outras pessoas também presenciaram a tragédia.

Sem dúvida, os cães suicidas fizeram uso do seu livre-arbítrio animal.

É pena que pessoas de notável inteligência e fartas de conhecimentos, se recusem a aceitar que os animais têm alma; que eles não têm inteligência nem sentimentos, nem consciência de que existem e muito menos de sua individualidade.

É pena!

Todavia, o que diz Allan Kardec a tal respeito?

Ao final dos casos acima narrados por Montaigne, na Revista acima citada, passemos a palavra ao Codificador do Espiritismo:

"A morte voluntária de um animal prova que ele tem consciência de sua existência e de sua individualidade; compreende o que é a vida e a morte, pois escolhe livremente entre uma e outra. Não é pois, assim uma máquina, e não obedece, assim, exclusivamente a um instinto cego, como o supõem. O instinto impele a procura dos meios de conservação, e não de sua própria destruição".

Kardec encerra dizendo que os casos dessa natureza constituem "uma analogia a mais a constatar entre o espírito do homem e o dos animais".

Dissemos acima que os animais têm previsão dos acontecimentos trágicos. Eles têm desenvolvida sensibilidade nesse sentido.

Conta-nos o escritor pernambucano Aureliano Alves Netto, em seu livro *Crônicas e Comentários*, que o estudioso da vida animal, Dr. Heber Costa, em debate no Instituto de Cultura Espírita do Brasil, fundamentado em fatos de que os animais possuem um psiquismo (alma), em defesa de sua tese, diz que no ano 1835, no Chile, todos os cães da região fugiram ao pressentir um violento tremor de terra que destruiu a cidade de Talcahuano.

Diz também que no Japão os terremotos e vulcões são frequentes. Antes da tragédia, os cavalos costumam dar sinais ficando irrequietos; e muitos fogem.

Esses casos não são de nos causar admiração. A mídia internacional informou a tragédia provocada pela invasão do oceano em alguns países da Ásia, o famoso Tsunami, que dizimou as vidas de mais de 200 mil pessoas.

O trágico acontecimento foi pressentido por todos os animais das regiões invadidas, previsão que os levou a fugirem várias horas antes do acontecimento.

Quem se permite observar atentamente o comportamento dos animais, notadamente nas espécies mais adiantadas, percebe que eles demonstram sentimento de solidariedade e cuidados especiais, uns pelos outros, da mesma espécie.

Senão, vejamos.

Na mesma obra Aureliano relata mais um caso interessante. Um famoso médico cirurgião encontra na rua um cachorro com a pata esmagada.

Tem piedade do animal e o leva para sua residência. Cuida do animal com carinho e, depois de curado, dá-lhe a liberdade.

Com esse gesto bondoso, o cão, em festa, lambe as mãos do seu benfeitor, numa demonstração de profunda gratidão e parte com alegria.

Meses depois desse fato, o doutor escuta que algo arranha a porta da sua casa. Os latidos são insistentes. Ao abrir a porta, o médico viu que era o cão, seu antigo paciente. Acompanhou o animal até o jardim, e ali, para surpresa do médico, encontrou outro cão de rua, ferido, com a pata fraturada.

Como vemos, o cão, como o fez o samaritano da parábola evangélica, num gesto de rara solidariedade, trouxe seu colega ferido para ser tratado pelo médico.

O cão agiu só movido pelo instinto? Claro que não! O animal agiu com inteligência, raciocínio e sentimento de caridade.

Comportou-se mais humanamente do que certas pessoas egoístas.

O cão, de antemão, tinha certeza de que o médico, seu antigo benfeitor, também atenderia seu colega ferido.

São casos análogos a esses, que ocorrem fartamente, e presenciados pelos donos dos animais, que nos levam a fortalecer a convicção, de que os animais são nossos irmãos menos evoluídos, como bem confirma o Espírito Emmanuel.

Também não é de nos causar espanto o fato de que, em espécies mais evoluídas, os animais saberem distinguir e identificar perfumes, cores e formas.

Isso significa que eles possuem boa memória.

A própria Ciência, principalmente a Parapsicologia, observando as diversas espécies animais, já demonstra interesse em pesquisar as causas das longas viagens migratórias de certos animais, peixes e aves, notadamente as andorinhas que, antes de saírem de uma região para outra, parece deliberarem entre si, numa manifesta combinação de planos e rumos.

Capítulo 05

Psiquismo animal (II)

NÃO temos dúvida de que, segundo a Filosofia Espírita, o princípio inteligente que hoje habita os humanos, já passou pelas formas mais rudimentares da animalidade. E que, entre a alma de certos animais e a humana, não há tanta diferença.

Com referência aos sentimentos também os animais são mais ou menos como os homens.

Curioso é que certos animais até que se comportam mais humanamente do que certas pessoas, uma vez que alguns indivíduos se comportam muito abaixo do nível dos selvagens. Porque agem com dolo e requinte de perversidade.

Delanne nos diz que segundo o sábio naturalista BUFFON, as aves na criação dos seus filhotes, se comportam tal e qual aos pais de famílias leais e zelosos, em seus lares.

As aves, segundo ele, dão valor à castidade conjugal, cuidam com zelo da prole, o macho é o chefe da família, e o casal, que se entende bem, se junta até o sacrifício de morte, quando se trata de defender a família.

É confirmado pelos naturalistas o amor maternal das fêmeas dos animais, merecendo destaque especial as macacas.

Relata Gabriel Delanne em sua obra *Evolução Anímica*, anteriormente citada, que o naturalista Leurent conta a história de uma macaca bugia, bastante conhecida por sua benevolência animal. Ela recolhia macaquinhos de outras espécies, roubava gatos e pequenos cães, a fim de lhe fazerem companhia. E com eles travava boas amizades.

Agora, vejam que comportamento incrível da bugia. Uma vez, um gatinho que ela adotou, arranhou-a. Admirada, ela examinou as patas do gatinho. E com os dentes, aparou-lhe as garras.

A bugia, educada, deu ou não provas de inteligência?

Evidentemente!

Dá gosto observar o comportamento engraçado de certos animais.

O mesmo autor relata que um macaco, cuja companheira havia morrido e não fazia muito tempo, passou a fazer as vezes da mãe, criando o filhote enfraquecido e doente, com zelo e extremado carinho. Interessante é que à noite, recolhia-o ao colo para adormecê-lo. E durante o dia, não o perdia de vista em nenhum momento.

Nas comunidades dos macacos, os órfãos são sempre adotados e protegidos com carinho. Esse trabalho é assumido pelos machos e pelas fêmeas do grupo.

Eis aí, pois, uma prova de amor!...

Conforme narrativa de Delanne, na *Revista Científica Francesa*, o Sr. Ball publicou um interessante trabalho sobre o amor que os cães demonstram pelos seus donos, bem assim pelos seus companheiros de espécie.

São autênticos samaritanos.

O caso que ele próprio testemunhou se refere a um cão fila que se aventurou através de um lago congelado. De repente a camada de gelo quebrou e o animal se resvalou na água. Tentou sair, mas não conseguiu. Próximo, boiava um ramo, e o cão já exausto, a ele se agarrou, com a esperança de se salvar.

Ocorreu que um cão da raça "terra-nova", que assistia ao drama distante do local, resolveu prestar socorro ao seu colega. Decidido, rápido, adentrou-se pelo gelo, escorrega aqui, escorrega ali, e caminhou até próximo à fenda onde estava seu colega. Mas, com muita precaução, só se aproximou o tanto suficiente para segurar com os dentes a ponta do ramo e puxar seu companheiro, salvando-lhe a vida, por um fio.

Como vemos, o cão terra-nova, movido pelo sentimento de verdadeiro amor ao próximo, seu companheiro da mesma espécie, teve um procedimento superior aos humanos.

O animal foi, portanto, inteligente, previdente, cauteloso, reflexivo, humano e, acima de tudo, decidiu arriscar a própria vida para salvar seu colega.

Mais uma vez, fortalecemos a nossa convicção de que os animais não agem só por instinto.

As evidências são fartas.

Somos testemunha ocular de diversos casos de vacas, porcos, galinhas, gansos, cães e gatos adotando os filhotes abandonados, da mesma espécie ou mesmo de outras.

Galinhas criam patinhos órfãos, mas criar patos é muito sofrimento para as mães adotivas.

Quando a família de seis pintos e alguns patinhos se dirige ao açude, os patinhos mergulham e saem a nadar, porque são da água.

Mas os pintinhos e sua mãe galinha ficam à margem, passando a maior agonia.

Enquanto a galinha e seus filhos legítimos ficam em desespero na margem do barreiro, porque os patinhos adotados estão nadando, estes se divertem à vontade e dizem para sua mãe de criação: "num tou nem aí!, num tou nem aí!, num tou nem aí!", como diz a melodia popular.

Em nossa casa, já criamos uma bichana que amamentava quatro bebês seus e mais um de fora, rejeitado pela mãe. Ela abraçava a todos com o mesmo carinho e defendia-os com as mesmas garras, contra gatos e cachorros que ousavam invadir seu espaço.

Os fatos que acima narramos não encerram nenhuma novidade. Todo mundo, diga-se de passagem, já presenciou casos iguais e com abundância.

O sentimento de mútua ajuda no reino animal é palpável.

Conta o naturalista Darwin, segundo as informações de Delanne, que o capitão Stransbury encontrou um velho e decrépito pelicano em um lago do Estado de Utah, nos Estados Unidos. Completamente cego e muito gordo a ave era alimentada e cuidada, zelosamente, pelos companheiros.

Não menos curioso era um papagaio caridoso que tomava sob a sua responsabilidade cuidar de uma ave de outra espécie, abandonada, raquítica e estropiada.

Com carinho, o papagaio fazia a limpeza na plumagem da ave e a defendia quando ameaçada por outros papagaios do jardim.

Entretanto, face a tantos outros casos semelhantes relatados por Gabriel Delanne, por informações de sábios pesquisadores do reino animal, um merece destaque especial.

Em 1757, conta o Sr. De la Boussanelle, capitão de cavalaria, que um cavalo do seu esquadrão, velho e desdentado, sem poder mastigar o feno e a aveia, despertou a compaixão de dois outros cavalos, seus companheiros de baia, que passaram a cuidar dele com todo zelo.

Os dois samaritanos, percebendo que seu colega não tinha mais dentes, retiravam o feno do depósito de ração, mastigavam juntamente com os grãos de aveia, e depois de tudo bem triturado, colocavam bem à frente do cavalo velho.

Esse ato de caridade animal durou por dois meses. E teria longa duração, caso o animal continuasse vivo.

O caso foi testemunhado pelos soldados e oficiais.

Em *Evolução Anímica,* Delanne faz um destaque sobre o sentimento estético dos animais, já que a maioria das pessoas, infelizmente, ainda pensa que o belo seja tão-somente inerente ao ser humano.

Segundo os rastreadores da vida animal, principalmente os estudiosos do comportamento das aves, estas são as que externam em mais alto grau aquele sentimento.

As aves jardineiras da Nova Guiné, conforme relata o autor de a *Evolução Anímica,* insatisfeitas com os ninhos que constroem, além desses e a exemplo das criaturas humanas, fazem casas de veraneio, de bom gosto, para se divertirem. Essas construções de laser são ornamentadas com uma variedade enorme de plantas paradisíacas.

Curioso é que tais cabanas, algumas com luxo requintado, normalmente possuem dois pavimentos, feitos de varinhas entrelaçadas para facilitar a constante ventilação. Tudo é feito com esmero, obedecendo a um prévio planejamento de construção.

As casinholas têm até jardins suspensos, enfeitados de seixos e conchas brilhantes.

Na TV, em documentários do reino animal, vemos como as macacas se comportam. Levam seus filhos, aos gritos de protestos, como crianças, para o banho. Na limpeza dispensam tempo e cuidados, à semelhança das mães humanas.

Nada devem aos humanos.

Você sabia que os animais também são gratos? Os cães, por exemplo, dão amostra de maior gratidão aos seus donos, do que a maioria das criaturas humanas.

Dizia Thomaz Fuller que a gratidão é a maior das virtudes, mas a ingratidão é o pior dos vícios.

Kardec afirma n'*O Evangelho Segundo o Espiritismo*, capítulo Honrai ao vosso pai e a vossa mãe, que a ingratidão é um sentimento tão mesquinho, que revolta os corações mais honestos. Pior ainda, - adianta -, quando se trata de ingratidão de filhos para pais.

O escritor pernambucano Aureliano Alves Neto, em sua obra *Crônicas e Comentários*, no capítulo que trata sobre a gratidão canina, faz alusão à *Revista Estudos Psíquicos*, de Portugal, na qual estampava-se a notícia de que em Londres, a capital da Inglaterra, um cidadão, sinaleiro de ofício encontrou um bebê de cachorro com apenas dois meses de idade, encostado em uma parede, com fome e fraco.

O sinaleiro, compadecido, levou o pequeno cão para sua casa, deu-lhe agasalho e alimentação, com os acréscimos de carinho.

O cãozinho passou a fazer companhia ao seu benfeitor durante o trabalho. E de tanto observar, curioso, as atividades do seu dono, o animal também se tornou sinaleiro. Latia insistentemente aos pés das pessoas, avisando que não deviam atravessar a rua, evitando que elas fossem atropeladas.

Provavelmente, essa era a forma de demonstrar a sua gratidão ao seu benfeitor, por lhe haver salvo a vida, também se tornando um cão sinaleiro.

O animal refletiu bem.

Agora vamos relatar a pequena história da perversidade do dono contra seu cão.

Era um puro vira-lata. Seu dono era o cidadão George Allan, de Montreal, que o atirou ao rio com uma pedra ao pescoço, num ato de planejada perversidade.

Por ironia do destino, como se diz, no mesmo instante uma criança caiu à água, mas o Sr. Allan nada pôde fazer para socorrê-la.

O vira-lata, prontamente, nadou em direção à

criança e com muito esforço retirou-a para terra, salvando-lhe a vida.

A criança era o próprio filho do Sr. George Allan, de Montreal.

Diante desse fato, fazemos nossas as palavras de Aureliano: "Aí vemos comovedora prova de abnegação e o perdão de um irracional para a indignidade de um homem 'civilizado'".

Capítulo 06

Sobrevivência da alma animal (I)

CONSULTANDO *O Livro dos Espíritos*, obra basilar da Codificação Espírita, na questão n. 597, verificamos esta pergunta de Allan Kardec: Pois que os animais possuem uma inteligência que lhes faculta certa liberdade de ação, haverá neles algum princípio independente da matéria?

Os Espíritos Reveladores respondem: "Há e que sobrevive ao corpo".

Kardec insiste na inquirição (597-a): Será esse princípio uma alma semelhante à do homem? - Eis a resposta: "É também uma alma, se quiserdes, dependendo isto do sentido que se der a esta palavra. É, porém, inferior à do homem. Há entre a alma dos animais e a do homem distância à que medeia entre a alma do homem e Deus".

Hoje já sabemos que todo corpo vivo tem um duplo etéreo, ou seja, uma réplica fluídica, que sobrevive ao corpo, que vem confirmar o que os Espíritos Superiores responderam a Kardec, acima.

E temos essa informação não através da Imprensa, mas por pesquisa da própria Ciência.

Como vemos, os cientistas confirmam o Espiritismo.

E não foram outros, senão os próprios cientistas russos que fizeram tal descoberta.

O casal Kirlian inventou uma máquina que fotografou a aura magnética dos seres vivos.

Além desse casal, o famoso psiquiatra e cientista russo, Wladimir Raikov, da Universidade de Moscou, descobriu o mundo da antimatéria (o mundo invisível) e, quanto à reencarnação, reconheceu o fenômeno de lembranças de existências passadas, através da regressão de memória.

Raikov também provou, confirmando as pesquisas de seu colega, o norte-americano Joseph B. Rhine, o pai da Parapsicologia, que a sede da inteligência não está localizada no cérebro, mas no duplo etéreo. Em outras palavras, segundo eles, a mente é extrafísica.

Registre-se aqui, por oportuno, que esses cientistas não eram espíritas. Eles apenas confirmaram as pesquisas de Allan Kardec.

Conforme ensinamentos dos Espíritos Elevados, nas questões acima, os animais têm um princípio anímico (alma) e essa essência espiritual continuará viva após a morte do animal.

E que, exatamente como ocorre com a alma do homem, a alma dos animais, depois da morte, pode aparecer aos humanos.

Existe um sem número de aparições de Espíritos de animais, devidamente comprovado pelos seus donos, bem como por outras pessoas.

Os fatos foram registrados sem os exageros das paixões, em depoimentos escritos em obras de elevada importância científica.

O escritor espírita brasileiro, Nazareno Tourinho, em seu livro *O Poder Fantástico da Mente*, de parceria com Carlos Imbassahy (pai), transcreveu alguns relatos (de aparições de animais) da revista *Psychiche Studien* e *Revista Científica e Moral do Espiritismo*.

Vamos aos fatos, que resumimos.

Um senhor e duas senhoras passeavam juntos. De repente, uma das senhoras que era clarividente, disse que estava vendo um cachorro caminhando na frente deles. Fez do animal uma descrição minuciosa. Entretanto, as duas pessoas não viam o fantasma. No mesmo instante, todos viram que um gato saiu de uma casa em direção aos três amigos e, aí, freou bruscamente, inchou o dorso, espirrou forte e investiu contra o cão fantasma, como se estivesse brigando com o cachorro vivo da vizinha.

Vejamos que somente a senhora clarividente viu o cão "morto", mas a investida do gato contra o fantasma, todos viram.

O fenômeno foi tão autêntico que, segundo Tourinho, até de cachorro morto gato tem medo.

Desta feita, a história foi contada (e se passou com ele próprio) pelo General Thompson, que garantiu ter visto um cachorro do outro mundo.

Declarou que depois de ter acariciado o animal espiritual, se despediu com um comovente adeus e, ao voltar para vê-lo mais uma vez, o cão havia desaparecido por encanto.

Mais outro fato interessante.

O relato é do Sr. Charles Tweedale, na mesma revista acima: "Minha tia L morreu em 1905, e seu predileto animalzinho ardente e enérgico morreu anos depois. Em agosto a tia L começou a aparecer em minha casa, em plena luz, tanto de noite como de dia, e foi vista por todos os moradores da casa. Muitas vezes, essas aparições eram acompanhadas de uivos e latidos, que nos espantavam muito. Enfim, o mistério foi desvelado pela aparição, ao lado da tia L, de seu cão favorito".

Teriam sido essas pessoas vítimas de alucinação? Ou teriam sido vítimas de ilusão de ótica?

Visões de duplos etéricos de animais mortos, milhares de pessoas já tiveram no mundo inteiro. Será que todas são alucinadas? É inteiramente impossível admitir essa hipótese.

Gabriel Delanne, em sua magnífica obra *A Reencarnação*, faz citações de vários casos de sobrevivência da alma dos animais, testemunhados por pessoas sérias, algumas das quais incrédulas.

Conta-nos o autor da obra que o Sr. Peters todas as tardes costumava receber a visita de um gato, que dava uma volta em seu quarto, com ar solene e retirava-se.

O Sr. Peters achou essa aparição muita estranha.

Certa ocasião, em conversa com a proprietária da sua residência, contou-lhe o fato. A senhora disse que o dito gato era seu, mas que o mataram há bastante tempo.

Declarou o Sr. Peters que o gato (finado) continuou aparecendo por mais algum tempo.

Pensou mesmo que estava maluco, mas, de outra feita, estando em reunião com a família, foi surpreendido por outro fato do outro mundo. De repente, em presença de um hóspede, viu um grande cão escuro que veio em sua direção e colocou a cabeça em seus joelhos, para receber carinhos.

O Sr. Peters contou o que se passava ao hóspede. Este respondeu que o animal era seu, mas já havia morrido.

Será que o hóspede também estava alucinado?

Prossegue Delanne em suas narrativas interessantes, mas todas reais.

Um cidadão, bastante conhecido pelas suas qualidades de homem sério e honesto, encontrava-se no escritório do Sr. M. S. T. conversando com ele e sua esposa, quando, de súbito, surgiu no ambiente um homem estranho, o qual descreveu para o casal. No mesmo instante surgiu um cão peludo, graúdo, belo, que percorria todo o ambiente comercial, em meio às louças e porcelanas, no que era advertido pelo homem estranho, chamando o animal pelo nome de "Médor".

O Sr. M. S. T. declarou que o cidadão estranho era seu amigo e um dos seus melhores fregueses, mas já havia morrido há oito anos. E quanto ao cão, que se chamava Médor, também havia morrido há quase um ano.

Delanne agora relata um caso que ocorreu com a famosa médium italiana, Sra. D'Esperance. Trata-se da aparição de uma cadela de nome "Monna", que ela (a médium) própria conheceu, mas que após a morte do dono do animal, este foi doado a um cidadão que residia há centenas de milhas distante da médium.

Vamos aos fatos.

Diz a médium madame d'Esperance que certa manhã, ao entrar em sua sala de jantar, com grande espanto, viu a cadelinha Monna que corria saltitante em torno da mesa e em volta do quarto. Demonstrava um frenesi de alegria: corria, corria, ora metendo-se debaixo da mesa, ora sobre as cadeiras e percorria a casa toda, exatamente como normalmente fazem os cães que voltam para sua casa, após muito tempo ausente.

Após esse ocorrido, a médium concluiu que a cadelinha havia sido trazida de volta pelo seu novo dono, ou que o animal havia encontrado o caminho de retorno.

A médium cuidou logo de obter informações do fato junto à família, mas ninguém sabia de nada. Alguns dias depois, Monna deixou de aparecer, embora chamada pelo nome.

A médium declara que quando contava o ocorrido às pessoas, estas a chamavam de maluca, ou que havia sonhado acordada.

Muitos meses se passaram e, um belo dia, madame d'Esperance se encontrou com o novo dono da cadela, pedindo-lhe notícias dela. Ele respondeu "que Monna havia morrido pelas feridas que recebera em luta com um grande cão".

Mas foi constatado pela médium, através de informações, que a morte da cadelinha havia sido pouco tempo antes da aparição da sua alma.

Ainda bem que madame d'Esperance não sofria de distúrbios psíquicos.

Capítulo

07

Sobrevivência da alma animal (II)

TODO mundo conhece as histórias de animais que se assustam com aparições de Espíritos de mortos, bem como com as almas de animais mortos.

Curioso é que os animais vivos quando veem outros animais mortos, ficam em pânico. Igualmente acontece quando eles têm visões de Espíritos de pessoas mortas. Os cavalos, por exemplo, se emperram e tomam outros caminhos.

A Bíblia relata o caso da jumenta de Balaão, que se assustou com a presença de um anjo exibindo uma espada chamejante.

Delanne, na mesma obra, conta-nos mais outros casos interessantes, desta feita envolvendo novamente a Sra. D'Esperance.

Ela diz que ao passear em um pequeno bosque, vizinho à sua propriedade, percebeu que frequentemente os cavalos demonstravam medo ao passar pelo local. A mesma coisa acontecia com os cães, que mesmo persuadidos ou ameaçados de prosseguirem, pouco se incomodavam: colocavam o focinho entre as pernas e pareciam surdos.

E confessa que quando tomava outra direção, os animais a acompanhavam tranquilamente, como se nada houvesse acontecido. Mas se ela insistisse em atravessar o bosque, eles a abandonavam e voltavam para casa, assustados.

A madame, ao relatar o fato a uma amiga, esta confirmou que segundo os agricultores mais antigos da região, o bosque era realmente mal-assombrado.

Declara que nesse mesmo bosque, ela e sua outra amiga, bem como seus cães foram surpreendidos pela aparição, duas vezes consecutivas, de um novilho do outro mundo, de cor vermelha escura, com olhos graúdos, vermelhos e faiscantes. Os cavalos se espantavam e os cachorros, em pânico, debandavam sem controle, para jamais retornarem.

Conta-nos Delanne de um cão da raça Buldog,

cujo dono permitia que o animal, muito belo, fizesse seus passeios pela localidade. Certo dia, pela manhã, o animal, ao atravessar a linha ferroviária foi esmagado pelo trem.

Pouco tempo depois, os condutores do trem da noite só passavam pelo local da tragédia canina, apitando repetidas vezes, fato que muito aborrecia o dono do cão morto, que residia bem próximo à linha ferroviária, pois sua esposa era muito doente.

O dono do cão, que não encontrava motivo para aqueles apitos estridentes, foi aos maquinistas e perguntou por que eles apitavam tanto ao passarem pelo local, alegando que estavam prejudicando o sossego da sua esposa.

Os condutores responderam que os apitos eram tão-somente com o intuito de impedir que um belo cão da raça Buldog fosse esmagado pela locomotiva, porque o animal atravessava muitas vezes a linha e só se desviava quando advertido pelos apitos, e depois, às carreiras, passava por cima do muro que dava acesso ao jardim de uma residência.

O dono deu a notícia de que seu Buldog fora esmagado há alguns meses pelo trem da manhã, fato que os maquinistas ignoravam, porque trabalhavam no horário da noite.

Como vemos, o cão morto (sua alma) continuava atravessando a linha férrea.

Os maquinistas declararam que o duplo etérico do Buldog continuou aparecendo por mais alguns meses.

Será que os dois condutores estavam alucinados? Ou sonhavam acordados? Essas hipóteses estão descartadas, uma vez que os maquinistas viram o cão muitas vezes. E por vários meses continuaram apitando para afastá-lo da linha.

Fato é fato e contra fatos não há argumentos.

Delanne conta-nos o curioso caso de aparição de um cão risonho. Seu dono era o General Thompson.

Segundo o autor de *A Reencarnação*, JIM era um cão da raça collie, favorito de toda a família, que residia em Cheyenne, nos Estados Unidos. Ganhou o nome de cão risonho por toda comunidade, face a sua natureza dócil e extremamente brincalhão e parecia rir ao se encontrar com os amigos do seu dono.

Numa noite dos últimos dias do ano 1905, o dono e um amigo passavam na 17ª. Rua de Denver, no Colorado e, ao se aproximarem da porta de um Banco, viram um cão estendido no meio da calçada. Ficaram espantados porque o animal era exatamente igual ao seu JIM, que ficara em Cheyenne. A identidade ficou mais comprovada, devido a festa espontânea que fez o cão, embora estivesse gravemente ferido.

A semelhança com o seu JIM era tão perfeita, que disse ao seu amigo que, se não estivessem a 106 milhas de Cheyenne, juraria que aquele era o seu dileto cão.

Depois de ter feito carinhos no animal, se despediu profundamente comovido. Mais na frente, ao atravessar a rua, olhou para trás para dar mais um adeus e, para seu espanto, o cão havia desaparecido como por encanto.

O dono do animal, no dia seguinte, de manhã, recebeu uma carta de sua esposa, comunicando que JIM, seu cão risonho, havia morrido acidentalmente.

A aparição do cão coincidiu exatamente com o momento da sua morte.

O fenômeno não foi produto da alucinação do dono do animal, porque a alma do cão fora vista por duas pessoas lúcidas e mentalmente sadias: o dono e um amigo. Impossível que ambos estivessem malucos ou estivessem sonhando acordados.

Não devemos esquecer que as aparições de duplos etéricos de animais sempre ocorreram e são tão antigas quanto as manifestações das almas dos humanos. E tanto aparecem nas sessões mediúnicas, quanto fora delas.

Numa sessão experimental de Espiritismo ocorrida no mês de novembro de 1877, - escreve Delanne -, na residência do Comandante Devoluette, em Paris, a Sra. Amélia, médium vidente, teve uma visão e descreveu para todos os presentes, a presença em cima da mesa de um pequeno cão sentado sobre uma imensa folha de papel. O animal tinha nariz curto, olhos graúdos e redondos, orelhas compridas e cauda longa, pelos longos, patas finas e compridas.

Curioso é que as pessoas presentes à sessão ouviram latidos, um bater de patas e ligeiro abalo na mesa, mas a alma do cão só era vista pela médium, que complementou sua descrição: "Ele salta, prende o papel entre os pés, arranha-o, torce-o, dilacera-o. Ai! Que medo! Salta-me no ombro, passa para as costas da sra. X, que sente o choque". (*A Reencarnação*, pág.112, editada pela FEB).

O fenômeno foi tão interessante, que o Comandante Devoluette, profundamente admirado, declarou: "Todos ouvimos pequenos latidos e minha mulher sente nas mãos as patas do animal. Em seguida, ele lambe as mãos de Amélia, as da sra. X e desaparece". (Obra citada).

Acrescenta o ilustre Comandante que, acesa a luz, todos os presentes encontraram o papel torcido, dilacerado e "distintamente denunciada a impressão de pequenas garras".

Diante de fenômenos dessa natureza, é impossível admitir a hipótese materialista de que todas as pessoas que presenciaram o fato fossem fascinadas.

Na obra acima citada, a partir da pág. 113, o autor relata casos de materializações visíveis de duplos etéricos de animais.

As materializações foram diversas e registradas nos relatórios das sessões de estudos psíquicos de Varsóvia (capital da Checoslováquia), todas examinadas pelo famoso cientista e pesquisador dos fenômenos da alma, Dr. Gustavo Geley.

Em várias sessões, conforme Delanne, apareceu materializada uma ave de rapina e foi fotografada, bem assim um ser bizarro, uma espécie de intermediário entre o macaco e o homem, denominado nos meios científicos de "Pitecantropo", com estatura de homem, face simiesca, fronte desenvolvida e reta, rosto e corpo cobertos de pelos, braços compridos, mãos fortes e longas.

Essa criatura estranha quando se materializava, parecia sempre comovida, tomava as mãos das pessoas presentes e as lambia, como fazem os cães.

Após a leitura desses poucos casos de aparições de almas de animais mortos, apenas uma fração da imensa quantidade de fenômenos semelhantes ocorridos no mundo todo e mesmo presenciados por pessoas totalmente incrédulas, conclui-se que tudo vem em apoio ao Espiritismo.

Essa confirmação, que já dissemos no início do capítulo anterior, está na questão n. 597, de *O Livro dos Espíritos*.

Cientistas do porte intelectual e moral dos sábios Dr. Ernesto Bozzano, do próprio Gabriel Delanne, Dr. Gustavo Geley e tantos outros famosos pesquisadores, legaram à Humanidade, uma farta literatura sobre aparições de animais mortos aos homens e de homens desencarnados a animais vivos.

Esses sábios pesquisadores do passado, considerados clássicos, podem ser tidos como os garimpeiros iniciais, que deixaram os caminhos abertos para os pesquisadores modernos, desde que tenham a coragem dos pioneiros para enfrentar os preconceitos dos pseudossábios atuais da Ciência.

Ao final do V capítulo da sua obra citada, Gabriel Delanne, sintetizando os argumentos lógicos favoráveis à veracidade das manifestações das almas dos animais, comprovando, assim, através de fatos presenciados por pessoas isoladas e por criaturas reunidas, ele declara:

1 - que existem comunicações telepáticas entre o homem e os animais domésticos; 2 - que os animais apresentam, por vezes, fenômenos de clarividência, isto é, que percebem seres invisíveis; 3 - que são capazes de experimentar pressentimentos; 4 - que possuem uma forma fluídica que lhes permite desdobrar-se; 5 - que esse perispírito animal persiste depois da morte, sob uma forma invisível, que pode ser descrita pelos videntes; 6 - que a materialização desse princípio, que individualiza a alma animal, foi por vezes observada nas sessões espíritas".

Como afirma Delanne, os animais têm parentesco intelectual com a espécie humana.

Sobre aparições das almas de animais, este tema me faz lembrar Divaldo Franco em entrevista ao Jornal Mundo Espírita, em sua edição de julho de 2008.

O entrevistador pergunta: - Nossos animais de estimação ficam por algum tempo numa espécie de erraticidade no chamado mundo espiritual, ou são de imediato encaminhados a uma nova encarnação?

Divaldo responde: - "O Egrégio Codificador do Espiritismo informa-nos que o período em que os animais se demoram na erraticidade é breve, logo retomando a reencarnação. Nada obstante, a mediunidade vem demonstrando que ocorrem períodos mais longos, conforme encontramos narrações nas obras ditadas pelo Espírito André Luiz ao venerando médium Francisco Cândido Xavier, assim como Charles à nobre médium Ivonne do Amaral Pereira. Essas informações não colidem com a palavra do mestre de Lyon, porque o desdobramento dos estudos doutrinários estava previsto por ele, ampliando as informações contidas nas obras básicas".

Continua Divaldo: - "Recordo-me, por exemplo, de Sultão, o cão que acompanhava o padre Germano, conforme narrado no *Memórias do Padre Germano*, de Amália Domingo Soler, e da vida de Dom Bosco, que era defendido por um cão, nas diversas vezes em que atentaram contra a sua vida".

"Pessoalmente, - encerra Divaldo - já tive diversas experiências com animais, especialmente cães desencarnados, que permanecem na erraticidade há algum tempo".

Capítulo

08

A inteligência extraordinária dos cães Rolf e Lola

OS CASOS relatados sugerem-nos reflexões mais profundas.

Gabriel Delanne, em seu *A Reencarnação*, pág. 83, com apoio em fatos pesquisados pelo cientista Dr. Duchâtel, membro da Sociedade Psíquica de Paris e registrados nos Anais das Ciências Psíquicas do ano 1913, nos dá informações de que o cão Rolf tinha três anos de idade, era escocês, com cerca de 60 centímetros de altura.

O Dr. Duchâtel se dirigiu à residência da dona do cão e presenciou *in loco* os feitos intelectuais do animal. Através de métodos especiais para ensino a cães, foram apresentados a Rolf, inicialmente, estes dois problemas de matemática: dez mais três? Respondeu 13 e seis menos dois? Respondeu 4. As respostas eram dadas por pequenas pancadas que o animal dava na perna da sua dona.

Fato curioso é que Rolf, insatisfeito com a presença de uma pessoa estranha, no caso o Dr. Duchâtel, por meio de um alfabeto convencionado, perguntou à sua dona: "Quem é este senhor?". Ela lhe deu a resposta através do mesmo alfabeto e o cão ficou satisfeito.

Segundo Delanne, Rolf demonstrava especial afeto à sua dona, sra. Meckel. Essa afeição devia-se ao fato de ela o haver tratado com muito carinho, quando ele fora gravemente ferido por um acidente. E assim, ele fazia todos os esforços para demonstrar sua gratidão.

Acompanhando-a sempre, assistia às aulas que ela dava à filha. E foi aí, pois, que aconteceu o mais extraordinário fenômeno, mesmo inacreditável. Rolf aprendeu as lições de cálculo, "sem que nunca antes lhe fossem ensinadas diretamente".

Gabriel Delanne achou o caso tão incrível, que fez questão de narrá-lo na íntegra, mediante o testemunho da dona do animal, sra. Meckel: "Um dia, ao meio-dia, estava eu sentada, perto das crianças, e preenchia a função ingrata de as ajudar nas suas tarefas.

Nossa Friedazinha, tão interessante e tão viva, mas um pouco estúrdia obstinadamente à solução do problema 2x2, quando em uma ocasião de mau humor, lhe administrei ligeiro corretivo. Nesse momento, o cão, deitado sob a mesa das lições, olhava-nos de tal forma que eu disse: - Vê, Frieda, ele nos encara como se soubesse isto. ROLF aproximou-se, sentou-se ao meu lado, olhou-me com os olhos bem abertos, e eu lhe perguntei:

– ROLF, que desejas? Sabes quanto são 2 x 2? Com grande espanto meu, ele deu quatro pancadas em meu braço. Nossa filha mais velha propôs-me logo perguntasse ao cão quanto fazem 5 e 5. A resposta foi dada prontamente por dez pancadas, com a pata.

Na mesma tarde, continuando as experiências, vimos que o animal resolvia, sem erros, os problemas simples de adição, subtração e multiplicação".

Veja-se que o mais interessante disso tudo é que Rolf usou o raciocínio e teve a iniciativa (sem ninguém ensinar) de usar as patas para responder às perguntas da sua dona.

Conforme os testemunhos dos pesquisadores, o cão Rolf era capaz de outras proezas. Às vezes, fazia pilhérias.

Quando se falava diante dele de pessoas hostis, usando o mesmo alfabeto convencionado, ele batia com a pata na perna ou no braço da dona, querendo dizer "são burros".

Segundo o pesquisador Delanne, a mentalidade de Rolf se manifestava através de associação de ideia. E foi desse modo que durante uma leitura, surgiu a palavra "outono". Perguntou-se ao cão o significado. Esperava-se que respondesse "estação". Mas ele respondeu "O tempo em que há maçãs".

Correto. Porque era no outono que lhe davam maçãs assadas.

Pelo mesmo processo de associação de ideias, o cão Rolf, em outra ocasião, demonstrou, mais uma vez, a capacidade da sua inteligência.

Escreve Delanne à pág. 83, que o casal Meckel recebeu a notícia do noivado de um amigo com a Srta. Daisy Falham Chester. Conversava-se esse assunto em família, quando o bem adestrado Rolf interferiu por meio do alfabeto convencional: "Doutor haver senhorita se chamar como a nossa gata".

Curioso é que, realmente, a gata de estimação da família se chamava "Daisy". O cão acertou.

Segundo Delanne, interessante era que a gata por meio de adestramento, também fazia pequenos cálculos de matemática.

A Sra. Meckel, dona de ROLF e do cão Zou, era bastante conhecida pela sua arte de adestrar os animais. Ela era hábil na criação de regras de adestramento.

Diante de fatos dessa natureza, Delanne considerou de relevante importância transcrever o testemunho do sábio, Dr. Bérillon: "Os animais, cujo sistema nervoso apresenta como o do homem tanta analogia de estrutura e de morfologia, não são autômatos, despidos de consciência, de inteligência e de raciocínio, como bons Espíritos se comprazem em apresentá-los. Esforços de amestramentos e educação, idênticos aos que se aplicam no ensino às crianças, dariam, seguramente, depois de certo tempo, resultados inesperados".

Delanne extraiu esse depoimento da obra do autor, Dr Bérillon, intitulada *As memórias topográficas e a capacidade de calcular nos Animais.*

Outra ocorrência surpreendente, segundo Delanne, foi a Sra. Meckel, amestradora de Rolf, perguntar-lhe, pelo método já citado, a maneira pela qual os animais se entendem entre si, sem possuírem linguagem articulada, principalmente cachorros com cachorros.

Rolf não respondeu de início. Mas, diante da insistência da Sra. Meckel, pelo alfabeto convencional, respondeu "Latir, mover a cauda e movimentos com a boca".

Através das observações, tudo leva a crer que os animais da mesma espécie possuem uma linguagem facilmente compreensível, para se entenderem.

Como vemos, essas são demonstrações de que os animais são dotados de inteligência, além dos instintos.

Segundo as conclusões dos amestradores, Sra. Meckel e Dr. Mackenzie, os animais amestrados sentem dificuldades e fadigas, ao se submeterem às experiências de perguntas e respostas. O exercício, no começo, é penoso, porque se trata de exercício mental. Entretanto, depois se torna natural, sobretudo quando as sessões de adestramento são menos longas.

A fadiga dos cães adestrados, quando os exercícios são longos, se traduz por bocejos, suspiros, arquejos, ou até mesmo, em alguns casos, hemorragias nasais. É o que afirma Delanne.

O Dr. Mackenzie, - escreve Delanne -, duma feita, desejando mais uma vez, testar a inteligência bem desenvolvida do cão Rolf, perguntou-lhe o que mais gostava. O animal, pelo alfabeto convencional, por pancadas, respondeu: "Comer salmão de fumeiro".

Pelo mesmo método de adestramento, Rolf também traduzia as imagens de desenhos que lhe apresentavam.

Abrindo um parêntese, agora recordamos o que diz o escritor pernambucano, Aureliano Alves Netto, em sua obra *Crônicas e Comentários*, pág.71, que alguns animais demonstram um quociente de inteligência bem mais alto do que de muitas espécies da raça humana.

É verdade.

As observações dos naturalistas e o trabalho educacional (de animais) dos amestradores comprovam essa realidade.

Os exemplos narrados por Aureliano, são: os de Muhamed e Zarif e seus cavalos calculadores de Elberfeld; Hans, garanhão suíço, estudado pelo alemão Wilheim Von Gaten, no final do século dezenove, bem como o burro de nome Canário, que demonstrou aguda inteligência no Cassino da Urca, no Rio de Janeiro. O animal respondeu, "com batimento de patas, a perguntas sérias sobre diversos assuntos, até em inglês e esperanto".

A conclusão que se tem é que, se os cientistas tomassem interesse pelo estudo do comportamento animal, descobririam muita similaridade entre os homens e os animais. Afinal de contas, eles também são filhos de Deus e, portanto, queiramos ou não, são nossos irmãos na escala inferior da Criação.

Agora, vamos falar um pouco da cadela Lola, para finalizar este capítulo. Escreve Gabriel Delanne, na mesma obra *A Reencarnação*, pág. 87,que Lola era uma cadela de desenvolvimento intelectual notável. Sua fama, como a de seu pai Rolf, rolava pelos países europeus.

Diz o autor da obra acima, que a Snrta. Kindermann em 1919 publicou um livro em que conta como educou sua cadela LOLA a ler e escrever.

Através dos exercícios de adestramento, descobriu que a cadela era dotada de um QI tão desenvolvido que aprendeu a fazer, em breve tempo, as quatro operações e a resolver pequenos problemas de matemática.

Igualmente ao seu pai, expressava seus pensamentos através de um alfabeto convencional de batidas. E ela se mostrava tão inteligente e reflexiva em seus exercícios de amestramento, que comprovava uma vontade, uma força decisiva, uma inteligência individual e autônoma, que despertava inveja em qualquer criança.

Eram exatamente essas particularidades que, no dizer de Delanne, aproximavam a cadela Lola e seu pai Rolf aos seres humanos.

Capítulo

09

Como os cientistas estão decifrando a inteligência dos animais

ESSE é o subtítulo de uma longa reportagem publicada pela Revista National Geographic, em sua edição março 2008, narrando as pesquisas de cientistas de vários países, em busca das respostas às perguntas: os animais pensam? Eles têm inteligência e sentimentos?

Vamos aos fatos.

De acordo com a reportagem, a cientista norte-americana, dra. Irene Pepperberg, no ano 1977, em seu laboratório na Universidade Brandeis, Massachusettess, nos Estados Unidos, fez uma série de experiências com um papagaio, ao qual deu o nome de ALEX.

O objetivo da notável cientista era ensinar a ave, de apenas um ano de idade, a reproduzir os sons da língua inglesa. A sua experiência se iniciou com base neste raciocínio lógico: "Imaginei que, se ele aprendesse a se comunicar, eu poderia lhe perguntar como ele via o mundo".

Com uma longa convivência com os animais e de trinta anos com seu papagaio de estimação, a pesquisadora descobriu que os animais, ao contrário do que ainda pensam seus colegas da Ciência, não são máquinas, nem muito menos robôs programados para reagir a estímulos e sem capacidade de pensar e sentir.

Estão muito acima disso.

Ela diz que os animais pensam, têm sentimentos e ideias. Fundamenta essa conclusão dizendo que os cães demonstram seu amor ao dono, através do olhar.

Essa prova, diz, não satisfaz à Ciência, mas prova-se esse fato pela intuição.

Acrescenta a dra. Irene: "Não há nada mais fácil do que projetar pensamentos e emoções humanas em criaturas de outras espécies. De que modo, então, um cientista prova que um animal tem capacidade de pensar, – ou seja, que ele é capaz de obter informações a respeito do mundo e agir em função disso?".

"Foi isso o que me levou a realizar o estudo com Alex", diz a cientista.

Alex aprendeu inglês com facilidade e se tornou um excelente conversador.

Em uma das suas experiências com o papagaio, a dra. Irene ao se aproximar da gaiola de Alex, este surpreendeu a todos, perguntando com ares de irritado: "Quer uva?". Diz a cientista que a irritação dele devia-se ao fato de não haver tomado o café da manhã.

É que Alex foi ensinado a conversar por associação de ideias. Por isso é que ele associava a uva à comida.

Sob a assistência da cientista, Alex aprendeu a usar um aparelho fonador para imitar quase cem palavras em inglês, incluindo os sons relativos aos alimentos que costumeiramente recebia: uva, maçã, feijão, milho e banana.

Com esse método, Alex aprendeu a contar, associando os sons aos números. Além disso, ele desenvolveu o raciocínio para distinguir números, formas e cores.

Para demonstrar essa capacidade, a dra. Irene colocou na frente do papagaio uma chave e uma tigela, ambas da mesma cor verde. E perguntou o que era igual. Alex respondeu que era a cor. Em seguida, perguntou o que era diferente. Alex respondeu que era a forma.

A resposta foi correta. Claro que a chave era diferente da tigela, na forma.

Interessante é que Alex não fora treinado para isso. Significa que ele fez bom uso da sua inteligência: distinguiu a cor da forma.

É de notar-se, que somente crianças maiores, são capazes de fazer tal distinção.

Alex, após a experiência acima, demonstrou sua inteligência avançada realizando operações aritméticas simples, como a de contar os blocos de brinquedo amarelos no meio de pilhas de blocos de outras cores. Além disso, fez advertências a outros papagaios em aprendizado, dando sua opinião: "fale direito!", quando um deles pronunciou erradamente a palavra verde.

Percebe-se aí, mais uma vez, que ele não havia sido treinado para corrigir o erro dos colegas. Mas usou o raciocínio, para provar que sabia a pronúncia correta.

Em outra oportunidade, a cientista passeando com o louro no dedo, este, satisfeito, disse: "Bom menino! Bom pássaro!" - A dra. respondeu: "É isso mesmo, você é um bom menino, um bom pássaro". E beijou-lhe a cabeça emplumada.

Diante de fatos dessa natureza, não podemos negar a inteligência dos animais, além dos instintos.

É oportuno lembrar *O Livro dos Espíritos*, na questão n. 595, em que Kardec inquire se os animais gozam do livre-arbítrio para a prática dos seus atos.

Ao que respondem os Espíritos Superiores: "Os animais não são simples máquinas, como supondes. Contudo, a liberdade de ação, de que desfrutam, é limitada pelas suas necessidades e não se pode comparar à do homem. Sendo muitíssimo inferior a este, não têm os mesmos deveres que ele. A liberdade, possuem-na restrita aos atos da vida material".

Como vemos, os animais não são seres meramente mecânicos, embora suas faculdades rudimentares sejam limitadas aos atos da vida material.

As pessoas que gostam de animais e os criam, estão bem conscientes dessa realidade, principalmente os animais domésticos.

É bom lembrar, no entanto, que os Espíritos Mensageiros da Codificação Espírita responderam ao mestre Allan Kardec que nos mundos elevados, seus habitantes são servidos por animais mais evoluídos do que os do nosso mundo.

Isso significa dizer, portanto, que os animais de uma escala superior são o aperfeiçoamento dos das escalas inferiores, até desaguar na espécie humana.

E por trás do corpo deles está o princípio inteligente, anímico, cuja evolução dá impulso ao aperfeiçoamento do seu físico.

Provavelmente, o papagaio Alex, objeto de experimentação científica da dra. Irene, era bem mais dotado de inteligência e sentimento, do que seus demais colegas.

Como excelente imitador, com realce sobre os demais da espécie, ele também manifestou, ao longo de trinta anos de vida ativa, especial capacidade de raciocínio e discernimento de tamanho, dimensão e cores dos objetos que lhe apresentavam.

Os animais análogos ao louro Alex têm explicação na questão n. 596 de *O Livro dos Espíritos*, em que Allan Kardec indaga: Donde procede a aptidão que certos animais denotam para imitar a linguagem do homem e por que essa aptidão se revela mais nas aves do que no macaco, por exemplo, cuja conformação apresenta mais analogia com a humana?

– "Origina-se - respondem os Espíritos -, de uma particular conformação dos órgãos vocais, reforçada pelo instinto de imitação. O macaco imita os gestos; algumas aves imitam a voz".

Voltamos a dizer sem receios de erros, que os animais têm alma e que eles evoluem e, repito, deságuam na espécie humana, para prosseguirem em sua marcha, como seres humanizados, em direção ao objetivo, ao alvo da perfeição.

De onde tiram os animais o princípio inteligente que constitui a alma de natureza especial de que são dotados? Essa a pergunta de Kardec na questão n. 606. - "Do elemento inteligente universal". - Essa a resposta dos Espíritos.

Quer dizer: o elemento inteligente universal é a fonte única, de onde emanam a alma humana e do animal.

Kardec deseja mais esclarecimentos: - Então, emanam de um único princípio a inteligência do homem e a dos animais? Respondem os Espíritos: - "Sem dúvida alguma, porém, no homem, passou por uma elaboração que a coloca acima da que existe no animal". (Questão n. 606-a).

Kardec aprofunda a relação entre animal-homem e vice-versa, nesta inquirição: - Dissestes (n. 190) que o estado da alma do homem na sua origem, corresponde ao estado da infância corporal, que sua inteligência apenas desabrocha e se ensaia para a vida. Onde passa o Espírito essa primeira fase do seu desenvolvimento?

— "Numa série de existências que precedem o período a que chamais Humanidade", - respondem os Mensageiros da Espiritualidade.

Mas, nesse caso, perguntamos, não seria exato afirmar que o Espírito do homem, em suas origens, teve de passar pelos seres inferiores da criação, depois pelos animais em suas diversas escalas e, finalmente, ser humano civilizado?

Nesse sentido, vejamos a pergunta de Kardec na questão n. 607-a: - Parece que, assim, se pode considerar a alma como tendo sido o princípio inteligente dos seres inferiores da criação, não?

Eis a explicação dos Espíritos Superiores: - "Já não dissemos que tudo em a Natureza se encadeia e tende para a unidade? Nesses seres, cuja totalidade estais longe de conhecer, é que o princípio inteligente se elabora, se individualiza pouco a pouco e se ensaia para a vida, conforme acabamos de dizer".

Prossegue a resposta: – "É de certo modo, um trabalho preparatório, como o da germinação, por efeito do qual o princípio inteligente sofre uma transformação e se torna Espírito. Entra então no período da humanização, começando a ter consciência do seu futuro, capacidade de distinguir o bem do mal e a responsabilidade dos seus atos. Assim, à fase da infância se sucede a da adolescência, vindo depois a da juventude e da madureza".

Continua: – "Nessa origem, coisa alguma há de humilhante para o homem. Sentir-se-ão humilhados os grandes gênios por terem sido fetos informes nas entranhas que os geraram? Se alguma coisa há que lhes seja humilhante, é a sua inferioridade perante Deus e sua impotência para lhe sondar a profundeza dos desígnios e para apreciar a sabedoria das leis que regem a harmonia do Universo. Reconhecei a grandeza de Deus nessa admirável harmonia, mediante a qual tudo é solidário na Natureza".

Os Espíritos encerram: – "Acreditar que Deus haja feito, seja o que for, sem um fim, e criado seres inteligentes sem futuro, fora blasfemar da sua bondade, que se estende por sobre todas as suas criaturas".

Eis aí, em síntese, a lei de evolução para todos os seres vivos. Deus nada faz para ficar estático, sem progresso, sem evolução. Portanto, sem objetivo útil.

Isto nos faz lembrar o sábio filósofo francês, Léon

Denis, discípulo de Kardec, que, sintetizando a evolução dos seres, dizia: "A alma dorme no mineral, sonha no vegetal, movimenta-se no animal e desperta no homem".

Consultemos mais uma vez o Código doutrinário dos espíritas: *O Livro dos Espíritos*, na questão n. 601, em que Kardec pergunta se os animais estão sujeitos, como o homem, a uma lei progressiva.

Eis a resposta dos Espíritos Superiores: - "SIM; e daí vem que nos mundos superiores, onde os homens são mais adiantados, os animais também o são, dispondo de meios mais amplos de comunicação. São sempre, porém, inferiores ao homem e se lhe acham submetidos, tendo neles o homem servidores inteligentes".

Capítulo

10

Os talentos da cadela Betsy e dos golfinhos do Havaí

SEGUNDO a reportagem da revista VEJA, Betsy é uma cadela da raça "collie', nasceu em Viena, Áustria. Ela entende um vocabulário crescente e equivalente ao de uma criança pequena.

Quem tiver o prazer de conhecer Betsy, não acredita que ela seja capaz de ser dotada de uma inteligência tão especial.

Com apenas seis anos de idade, a cadela consegue, pelo método de associação de ideias, ligar nomes a objetos. E faz tal proeza com tanta habilidade e rapidez, que supera até mesmo um grande primata.

Até há pouco tempo, ela entendia cerca de 340 palavras.

Conforme afirmam os cientistas, Betsy é uma cadela precoce, pois, com apenas dez semanas de idade já obedecia aos comandos de sentar e de guardar os nomes de objetos que ia buscar, tais como bola, corda, papel, caixa, chave e tantos outros.

Realçando o talento da cadela, sua dona declara: - "Betsy é um cão em uma matilha - humana. Estamos aprendendo a língua dela, e ela, a nossa".

Curioso é que a cadela reconhece cerca de quinze pessoas pelo nome. E submetida a diversos testes científicos, revelou-se capaz de associar fotos com os objetos nelas representados.

Abrimos um breve parêntese.

Esse fato nos faz lembrar um cão mestiço chamado TOB, cuja dona é minha filha. É de apartamento. Presenciamos diversas vezes o animal abocanhar a coleira e levá-la até aos pés da sua dona, com manifestações de carinho, anunciando que estava na hora de passear com ele.

Quando demorava, insistia roçando as mãos dela com sua pata dianteira, ora se deitando com as quatro patas para cima, ora correndo até a porta de saída. Isso acontecia até sua dona descer para o passeio.

Achamos o comportamento do cão semelhante ao de uma criança, quando deseja algo de sua mãe.

Interessante é que o animal se comportou de uma forma inteligente. Quem ensinou a ele que insistindo, conseguiria? Agiu sob o impulso do instinto, apenas? Não. A inteligência esteve acima do instinto. Presenciamos outras manifestações de inteligência do nosso amigo TOB.

Fechamos o parêntese.

A cadela Betsy é uma dessas cadelas de inteligência brilhante.

O cientista inglês, dr. Alex Kalcenik, professor da Universidade de Oxford, na Inglaterra, comparando Betsy com os primatas, ambos também resultantes da evolução das espécies, diz que muitas pessoas se admiraram ao saber que os chimpanzés fazem ferramentas em forma de varetas, para tirar cupins dos ninhos.

O dr. Alex Kacelnik e seus colegas, dizem que o comportamento da cadela Betsy e dos chimpanzés não é de causar surpresa, pois os corvos da Ilha da Nova Caledônia são capazes de proezas similares.

Essas aves, segundo os cientistas, também fazem ferramentas em forma de ganchos e sondas de galhos finos, a fim de remexer coroas de palmeira repletas de larvas gordas.

Outro caso mais interessante foi pesquisado pelo cientista acima. No grupo de corvos, cobaias de testes de inteligência, havia um de nome Betyy, do qual outro corvo roubou a ferramenta em forma de gancho, para retirar pedaços de carne. Mas Betyy não se preocupou.

E vamos ver o que aconteceu: "Betyy fitou o pedaço de carne no cesto e, em seguida, percebeu o pedaço de fio reto. Após agarrá-lo, prendeu uma das pontas a uma fenda no piso e, usando o bico, entortou a outra ponta até transformá-la em um gancho. Devidamente equipada, ergueu então o cesto e agarrou a carne".

O Dr. Kalcenik afirma que esse comportamento da ave é uma característica importante de refinamento "cognitivo".

Como vemos, o corvo foi capaz de inventar, raciocinar, planejar e conseguir o que desejava.

Manifestou comportamento igual aos seres humanos.

Um fato que tem deixado os pesquisadores confusos é a astúcia com que certos animais, como os castores, por exemplo, e algumas aves roubam os alimentos dos seus companheiros e escondem, para retornarem a eles, antes que o tempo os estrague.

Em estudos realizados pelos cientistas Nicky Clayton e Nathan Emery, ambos com laboratórios na Universidade Cambridge, na Inglaterra, confirmaram o fato acima, além de comprovarem que algumas espécies e aves, entre os quais os gaios Aphelocoma, demonstram possuir uma inteligência especial que os colocam no nível dos humanos.

A famosa psicóloga e cientista, dra. Sara Shettleworth, da Universidade de Toronto, no Canadá declara, após suas pesquisas, que os animais "estão confinados ao tempo presente" e que eles não sabem fazer a distinção entre passado, presente e futuro, tal como o fazem os humanos.

O Phd em Psicologia animal, dr. Louis Herman, no ano 1960, iniciou suas investigações sobre a capacidade intelectual dos golfinhos. Ele percebeu que esses animais aquáticos, similarmente aos seres humanos, são sociais e cosmopolitas. Eles são encontrados, principalmente, nos mais variados ambientes, desde as regiões subpolares às tropicais. São eloquentes, curiosos e brincalhões. Comportam-se como crianças.

A fim de adestrarem os golfinhos, os cientistas partiram da premissa, de que as regras para explorar o mundo inteligente das crianças, podem ser exatamente as mesmas para amestrar os animais, principalmente os golfinhos, que são mais dóceis à educação.

Para se comunicar com os golfinhos, o pesquisador Louis Herman e sua equipe inventaram um código de sinais, usando as mãos e os braços, incluindo aí uma gramática bem rudimentar. Cita um exemplo: um movimento de bombeamento com o punho fechado significava ARCO, e ambos os braços estendidos acima da cabeça designava BOLA. Um gesto de "venha para cá", feito com um só braço, indicava LEVAR.

E assim, os golfinhos conseguiam obedecer as ordens dos pesquisadores após ouvi-las apenas uma vez, demonstrando perfeita compreensão da linguagem.

Em uma das inúmeras experiências que a equipe de cientistas fez com os golfinhos, a que mais os sensibilizou foi esta: "Elele, a fêmea, seguindo as instruções da sua treinadora, que apenas lhe fez gestos com os braços e as mãos, indicando 'prancha, barbatana dorsal, toque', imediatamente e sem a mínima hesitação, Elele nadou até a prancha de surfe e, inclinando-se para o lado, nela apoiou a barbatana dorsal - um comportamento para o qual não fora treinada. Em seguida, quando a treinadora levantou os braços para cima, fazendo o sinal de 'muito bem!', Elele deu um salto no ar, guinchando e estalando de alegria".

Mais outra proeza curiosa, que segundo os pesquisadores, revela incrível inteligência animal: certa vez, ao serem filmados, dois golfinhos se afastaram até a outra extremidade do tanque, fizeram círculo juntos sob a superfície por alguns segundos. Em seguida saltaram para fora da água girando em sentido horário em torno do próprio eixo e espirraram água pela boca. E todas essas manobras foram feitas com perfeita sincronização.

Os pesquisadores confessaram que nada disso foi ensinado aos golfinhos, e que para eles, cientistas, esse tipo de comportamento era absolutamente misterioso, pois, demonstrava que esses animais aquáticos tinham capacidade de improvisação, semelhante a qualquer ser humano. E que muitos comportamentos eram inventados pelos golfinhos nos momentos de apresentação ao público, como se fosse uma exibição de talentos especiais.

Conforme declaração dos pesquisadores, os golfinhos são imitadores magistrais. São dotados de memória privilegiada e de boa compreensão de vocabulário e sintaxe, além de serem organizados e bem comportados.

E podem manipular seu mundo para obter o que querem, segundo afirma o pesquisador Louis Herman.

Ao lermos estas páginas, não sabemos qual o animal mais talentoso, se a cadela Betsy ou os golfinhos do pesquisador dr. Louis Herman.

Capítulo

11

Inteligência e sentimentos dos animais (I)

PROSSEGUINDO em nossos estudos sobre o comportamento dos animais, na mesma *Revista National Geográfic*, a dra. Elizabeth Brannon, cientista com laboratório de pesquisas na Universidade de Duke, na Carolina do Norte, nos Estados Unidos, em seus estudos com os carneiros, descobriu que aparentemente todos são iguais, mas a verdade é bem diversa.

Segundo a cientista, há entre eles os mais inteligentes e que submetidos a testes são capazes de reconhecer rostos de pessoas e de outros companheiros, e se lembram deles até cerca de dois anos depois. São dotados de inteligência e memória extraordinárias.

As pesquisam comprovaram que os carneiros da raça "Black Leicester Longwool", ficam mais tranquilos diante de semblantes familiares e também distinguem entre expressões de felicidade e de raiva, mas preferem as expressões de felicidade.

Confessa a dra. Elizabeth que essas são capacidades requintadas em um animal que em geral não se destaca pela inteligência.

A cientista fez experiências com um animal pouco notado, o Lêmure-de-cauda-anelada, que batizou de Aristides e descobriu que eles possuem incrível capacidade de contar e ordenar sequências. São dotados de capacidade aritmética.

Os Phds da Psicologia animal, através dos seus estudos minuciosos do comportamento dos nossos irmãos inferiores, concluem que eles são dotados de mentes brilhantes e são mais espertos do que imaginamos.

O pesquisador Rob Shumaker faz experiências com AZY, um orangotango, de quem é amigo há 25 anos e diz que o animal tem uma vida mental riquíssima.

Acrescenta que esses animais em termos de conhecimentos estão no mesmo nível dos primatas africanos, chegando mesmo a superá-los em algumas atividades.

Segundo o pesquisador, o orangotango Azy expressa seus pensamentos por meio de um tabuleiro de símbolos abstratos, bem assim compreende a perspectiva de outro indivíduo. Além disso, toma decisões lógicas e refletidas, que demonstram excelente agilidade mental.

Os orangotangos, como diz o cientista, preservam as tradições culturais do grupo e muitos deles fabricam ferramentas para extrair insetos de buracos em árvores e outros usam folhas grandes para se proteger da chuva.

Além desse comportamento, eles recorrem às folhas para resguardar as mãos quando escalam uma árvore espinhosa, bem como juntam as mesmas em um maço e o acalenta como se fosse boneca, numa demonstração de instinto materno.

O cientista William Fields é especialista em pesquisa aos macacos, notadamente os da espécie Bonobo que, segundo seus estudos, se parece mais com a raça humana primitiva.

O macaco, ao qual deu o nome de KANZI, hoje com 27 anos de idade, começou a desenvolver suas habilidades linguísticas por conta própria, isto, enquanto observava os cientistas que treinavam sua mãe.

Hoje, ele "conversa" por meio de 360 símbolos encontrados em seu tabuleiro e, incrível, entende milhares de palavras faladas, além de formar sentenças e produzir ferramentas de pedras, modificando sua técnica de acordo com a dureza da rocha.

É o que diz o cientista William Fields.

E agora, pasmem! O macaco toca piano e já fez improvisações com o músico Peter Gabriel, conforme relata a reportagem.

O cientista afirma que se convivermos com os bonobos por 15 gerações, eles ficarão menos bonobos, e nós, os humanos, ficaremos menos seres humanos.

Comprovações científicas dessa natureza nos convencem cada vez mais de que, sem a menor dúvida, os animais têm alma e, portanto, são inteligentes, pensam e são dotados de emoções. Só não fazem falar, articulando as palavras, como a espécie humana. Mas eles têm uma linguagem própria.

As últimas palavras do cientista sobre o seu jovem bonobo KANZI, que está analisando as vocalizações do animal, são estas: "É possível que esteja falando em inglês, só que num ritmo rápido e num tom agudo demais para que possamos entender".

Uma questão muitíssimo interessante precisa ser esclarecida. É que os cientistas, iludidos pelo materialismo, infelizmente ainda pensam que a sede da inteligência e dos sentimentos do homem e dos animais é o cérebro, e que, dependendo da dimensão cerebral o homem ou o animal é menos ou mais inteligente.

O caminho não é bem por aí.

Os animais, como já comentamos em capítulos

anteriores, bem assim o homem, não são apenas bonecos de carne e ossos, com uma fisiologia complexa e coberto de peles, com ações e atitudes puramente mecânicas, a exemplo dos robôs. Absolutamente.

Nós, os seres humanos e os animais, possuímos uma alma que exerce todo o seu domínio sobre o cérebro que, no caso, é mero instrumento. Numa comparação rasteira, a alma é o motorista, o corpo é o veículo conduzido pelo primeiro.

Com base nessa premissa, pode-se afirmar sem receios de erros, que não é o tamanho do cérebro que determina o grau de inteligência da espécie humana nem da espécie animal, mas sim, o grau de evolução de cada ser em sua espécie.

Não devemos esquecer que o cientista Louis Herman, de cujas pesquisas já falamos em capítulo anterior, antes de suas famosas experiências com os golfinhos do Havaí, disse: "Ah, então vocês têm esses cérebros maravilhosos? Vamos ver o que conseguem fazer com eles".

Como vemos, o ilustre pesquisador avaliava a inteligência dos golfinhos pelo tamanho do cérebro.

Ledo engano!

Ele não se lembrou do papagaio ALEX nem dos corvos gaios, que possuem cérebros do tamanho de uma noz e, no entanto, mostraram talentos semelhantes ou superiores aos golfinhos.

Essa realidade, resultado de pesquisas, faz os cientistas repensarem sobre seus antigos conceitos.

O século dezenove, quase ao seu final, foi farto em pesquisas científicas nesse sentido.

Dissecaram cadáveres de homens proeminentes na política, na filosofia, na literatura, na Ciência e nas artes em geral, bem como em homens de pouca instrução.

As pesquisas deram conta de que cerca de oitenta-por-cento dos cérebros dos intelectuais, entre eles o do genial romancista francês, Anatolle France, era de peso e tamanho abaixo do normal.

Todavia, os mesmos estudos foram realizados com os cadáveres de homens com pouca ou sem instrução e ficou provado que a maioria deles possuía cérebros com tamanho e peso acima do normal.

Os sábios estão esquecidos de que as faculdades do homem e dos animais, como inteligência, memória, raciocínio, discernimento, razão, sentimentos, etc, possuem sua sede na alma e não no cérebro.

O Espírito André Luiz, em seu livro *Evolução em Dois Mundos*, diz "... O cérebro é o órgão sagrado de manifestação da mente, em trânsito da animalidade primitiva para a espiritualidade humana".

Conforme ensina a Filosofia Espírita, o cérebro é mero quartel de comando da alma. Não passa de instrumento do princípio inteligente - o Espírito.

Os cientistas da época tiveram de repensar.

Voltando ao tema central acerca da inteligência e sentimentos dos animais, indícios de uma alma animal, se bem que muito inferior a do homem, recordamos o que nos ensina o Espírito Erasto em mensagem publicada na *Revista Espírita*, em sua edição de agosto de 1861:

"... reconheço perfeitamente que nos animais existem aptidões diversas; que certos sentimentos humanos neles se desenvolvem; que são sensíveis e reconhecidos, vingativos e odientos, conforme se atue bem ou mal sobre eles".

Capítulo 12

Inteligência e sentimentos dos animais (II)

CIENTISTAS do mundo inteiro estão divididos em três correntes de ideias: os que aceitam (e são a minoria) que os animais têm um princípio inteligente e são dotados de sentimentos; a outra corrente aceita que os animais têm apenas inteligência e sentimentos, mas não têm alma; a terceira corrente admite que os animais não têm alma nem tampouco inteligência, apenas instintos. Estes últimos formam a maioria.

Veremos as ideias evolucionistas de grandes sábios do passado, cujas filosofias muito depois foram confirmadas pelo Espiritismo.

Hoje, para se explicar as origens das espécies animal e hominal não se recorre mais à teoria da geração espontânea, que é a da Bíblia, no Gênesis.

Os biólogos que sempre se interessaram pela questão, acerca do problema da evolução dos seres vivos, através de suas pesquisas mostram a transformação das espécies vivas, desaguando na evolução contínua, calma e ordenada. É o processo seletivo realizado pelas leis naturais.

Diz o pesquisador espírita brasileiro, Jorge Andréa, em seu *Impulsos Criativos da Evolução*, "que o pastor e cientista, J. Gottfried, amigo do genial Goethe, em 1784, afirmava categórico: Do pó dos vermes, das cascas calcáreas dos moluscos, dos tecidos dos insetos, tudo tende a evoluir para formas superiores articuladas. Do ar e da água, das regiões altas e baixas vejo como que os animais se aproximarem do homem e de passo a passo se avizinharem de sua forma".

Surpreende-nos essa afirmação do pastor, que pôs de lado o fanatismo bíblico e se posicionou como cientista, declarando-se defensor da lei universal de evolução dos seres vivos.

Merece nossos aplausos!

Segundo Jorge Andréa, em sua obra acima, pág. 70, muito antes do Cristo, sábios como Lucrécio ensinaram a lei de evolução dos seres vivos, passando de espécies inferiores às superiores.

O naturalista inglês, João Batista Lamarck, no ano 1809, diz Jorge Andréa, foi o pioneiro em afirmar que as espécies, inclusive o homem, descendiam de outras espécies por mudanças graduais e subordinadas às leis evolutivas.

Herbert Spencer, conhecido como o filósofo do evolucionismo, em 1858, ou seja, um ano após o lançamento da primeira edição de *O Livro dos Espíritos*, através de pesquisas concluiu que todas as espécies passaram por modificações em favor dos melhores tipos.

Destacou também que as espécies, além da sua evolução física, igual e simultaneamente evoluem nos aspectos das faculdades e capacidades mentais, ou psíquicas.

Ele se refere à evolução do princípio anímico de que são dotados os animais.

A filosofia evolucionista do sábio Spencer casa-se perfeitamente com a questão 601 de *O Livro dos Espíritos*, de que os animais estão sujeitos, também, à uma lei de progresso, que já abordamos em capítulo anterior.

Abrimos um parêntese para esclarecer que o naturalista e antropologista inglês, Charles Robert Darwin, em sua magnífica obra *Origem das Espécies*, publicada em 1859, ou seja, dois anos após o lançamento da 1ª edição de *O Livro dos Espíritos*, aborda apenas a evolução física dos seres, pela seleção natural, deixando de lado a parte essencial, que é a alma.

Provavelmente, deixou para o Espiritismo a abordagem da evolução do princípio inteligente que anima os seres vivos.

Fechamos o parêntese.

Spencer, o filósofo clássico da evolução ficou tão empolgado pelo processo de evolução contínua e ordenada dos seres vivos, que chegou a afirmar, categórico, que a Evolução é tudo, porquanto estará sempre capacitada a solucionar todos os enigmas da vida.

Que, - acrescenta -, sem a reencarnação e sem a evolução, tudo ficará inexplicável.

Ele diz que no homem, além do corpo material, existe um outro EU, o ser espiritual, a alma. E pondo em relevo a lei de renascimento, afirma que o filho pode renascer como pai do próprio genitor.

Curioso é que os sábios Von Baer e Huxley, diziam que as leis da evolução deram formas distintas às espécies, e que elas, tendo uma única origem, foram progredindo. E que as espécies provieram de outras espécies preexistentes.

Hoje, nos céus do Espiritualismo moderno não se fala mais somente em evolução física dos seres, em geral, deixando-se de lado o fator de evolução da alma anímica. Não. Fala-se principalmente em progresso do ser espiritual e do seu corpo. Evolui o primeiro, aperfeiçoa-se o segundo, na forma.

É desse modo que a alma do homem evolui, por meio de sucessivos renascimentos e, com corpo menos grosseiro, habitará em mundos mais elevados, onde os animais também são mais inteligentes, como auxiliares.

Isso é impossível? Absolutamente. O Espírito humano veio das formas mais rudimentares da Natureza, passou pelos animais, desaguou nos primitivos homens da caverna, para hoje ser civilizado. No futuro dos milênios seremos anjos.

Em *O Livro dos Espíritos*, n. 607 Kardec pergunta onde passa o Espírito a primeira fase do seu desenvolvimento.

Eis a resposta - "Numa série de existências que precedem o período a que chamais Humanidade".

Acerca da evolução do princípio espiritual, o Espírito André Luiz, em seu livro *Evolução em Dois Mundos*, psicografado por Chico Xavier e Waldo Vieira, nos diz:

"O princípio espiritual, desde o obscuro momento da criação, caminha sem detença para frente. Afastou-se do leito oceânico, atingiu a superfície das águas protetoras, moveu-se em direção à lama das margens, debateu-se no charco, chegou à terra firme, experimentou na floresta copioso material de formas representativas, ergueu-se do solo, contemplou os céus e, depois de longos milênios, durante os quais aprendeu a procriar, alimentar, escolher, lembrar e sentir, conquistou a inteligência..."

Prosségue André Luiz: - "Viajou do simples impulso para a irritabilidade, da irritabilidade para a sensação, da sensação para o instinto, do instinto para a razão. Nessa penosa romagem, inúmeros milênios decorreram sobre nós. Estamos, em todas as épocas, abandonando esferas inferiores, a fim de escalar as superiores. O cérebro é o órgão sagrado de manifestação da mente, em trânsito da animalidade primitiva para a espiritualidade humana".

Capítulo 13

Inteligência e sentimentos dos animais (III)

ACABAMOS de ler a pequena, mas substanciosa obra *Gêneses da Alma*, do ilustre escritor espírita brasileiro Cairbar Schutel, editada pela editora O Clarim, de Matão-São Paulo.

O autor aborda o transformismo e a evolução anímica, enriquecendo a obra com farta comprovação de fatos verídicos, levando os materialistas e ateus, principalmente o materialismo científico, a reflexões profundas sobre a existência do princípio inteligente em todos os seres vivos.

Segundo Schutel, uma das histórias mais curiosas é narrada pelo Beneditino Bernardo de Montfaucon, demonstrando a inteligência e a fidelidade do cão.

Conta o Beneditino que na corte do Rei Carlos V, da França, havia um fidalgo de nome Macaire que nutria profunda inveja de um seu companheiro Aubry de Montdidier, favorito do Rei. Por despeito, Macaire planejava assassiná-lo.

Dias depois, aproveitando a oportunidade, Macaire esperou seu rival na floresta e assassinou-o. Apenas o cão de Aubry, a vítima, presenciou o crime.

O assassino enterrou a vítima. E o cão, por vários dias, não se afastou do local.

Enfim, sentindo muita fome o animal partiu em direção a Paris e foi pedir comida aos amigos do seu dono assassinado. Fez isso por várias vezes e voltava ao local do crime.

Ocorreu que os amigos da vítima, curiosamente acompanharam o cão até o local da tragédia e, escavando o solo, por fim encontraram o cadáver do Sr. Aubry.

Dias após, o cão, que havia sido recolhido pelos familiares do morto, avistou Macaire (o criminoso) em meio a um grupo de fidalgos da corte, correu e saltou-lhe ao pescoço, causando surpresa a todos.

O Rei tomou conhecimento do fato e ordenou que

a mesma experiência se repetisse em sua presença.

Foi trazido o cão. Em seguida entrou Macaire, esgueirando-se entre numerosos cortesãos. O cão, ao avistá-lo, e sem a menor hesitação, correu e atacou o assassino com a fúria de um leão.

Entretanto, Macaire continuou insistindo que era inocente, apesar de um Inquérito instaurado contra ele.

Por ordem do Rei, o cão e Macaire foram conduzidos para a Ilha de São Luiz, a fim de dirimirem a dúvida através de um duelo entre o cão e o criminoso.

No duelo, o animal saltou ferozmente sobre a garganta de Macaire. Este pediu que o libertasse que contaria a verdade.

Conduzido à presença do Rei Carlos V, confessou a autoria do crime. Dias depois, foi enforcado.

Como vemos, o cão não agiu só com instinto. Ele demonstrou elevado grau de inteligência e senso de justiça, além de extremado amor e fidelidade ao seu dono.

Esses atributos são próprios do Espírito humano e da alma dos animais.

Um fato similar ao que acabamos de narrar ocorreu com o leão de São Jerônimo.

Conta-nos Cairbar Schutel que o caso foi publicado pela revista católica *Ave Maria*.

Relata a revista que certa feita São Jerônimo meditava à margem do rio Jordão. De repente um robusto leão dele se aproximou arrastando a pata atravessada por um terrível espinho.

O Santo católico, carinhoso e paciente conseguiu retirar o estrepe. Aliviado e grato pela ação do seu benfeitor, o feroz animal jamais o abandonou.

Interessante é que, com a morte de São Jerônimo, a fera deitou-se sobre sua sepultura e acabou os seus dias, morto de fome.

Causa inveja aos humanos a conduta de gratidão desse bravo e fiel animal.

Não devemos esquecer, portanto, que a inteligência e os sentimentos não pertencem ao cérebro, mas sim, à alma, ao princípio anímico do homem e dos animais.

Mais comovente é a história do corvo que, por algum tempo, levava alimentos para São Paulo, o eremita.

A história dos Santos é farta em fatos dessa natureza.

Conta-nos o autor de *Gêneses da Alma*, que o célebre escritor Velásquez em uma das suas obras, relata que no deserto do Egito, São Paulo tinha fome, às vezes alimentava-se de parcas raízes, abandonado e prestes a morrer. Suportando pacientemente essa crise, surpreendeu-se com um corvo que vinha socorrê-lo todos os dias, trazendo-lhe fatias de pães.

Duma feita, o santo recebeu a visita de outro eremita, Santo Antonio. Ao conversarem sobre o corvo, de repente chegou a ave generosa, voando mais pesadamente, conduzindo dupla ração de pão, para São Paulo e para Santo Antonio.

A Igreja católica, talvez ignorando que os animais

também têm alma e manifestam inteligência, raciocínio e sentimentos, semelhantemente aos humanos, talvez ignorando esse aspecto, atribuiu o fato a um milagre especial, envolvendo dois Santos de elevada hierarquia católica.

Milagre ou não, o fato vem comprovar que os animais não são apenas uma massa de carne, ossos e instintos. Eles possuem alma e muitas vezes se comportam mais humanamente do que certos homens aparentemente civilizados.

Não devemos esquecer, portanto, que além da inteligência e da reflexão que se percebe nos animais, nota-se também, como nos humanos, a manifestação do amor e da fidelidade conjugal (neste aspecto, o homem está muito abaixo do animal), o amor materno, a solidariedade e o sentimento estético de determinadas aves, etc.

Já dissemos em capítulo anterior, que é através das sucessivas reencarnações, que todas as almas, animais e humanas, evoluem através de corpos cada vez mais aperfeiçoados.

Evolucionismo e transformismo são leis universais. A espécie humana, desde os primatas até o homem mais civilizado, sintetiza a evolução de todos os seres vivos inferiores.

Os animais pensam e sentem. A diferença da alma dos animais e da alma do homem, é unicamente em grau.

É o que ensina a Filosofia Espírita.

Capítulo

14

Impulsos da evolução (I)

EM CAPÍTULO anterior já citamos a síntese da lei de evolução, elaborada por Léon Denis, em tudo por tudo em consonância com o Espiritismo. Mas nunca é demais acrescentar alguns tópicos do seu genial pensamento.

Em sua magnífica obra *O Problema do Ser, do Destino e da Dor*, 9ª. edição - FEB –, páginas 121/123, ele diz: "Grandioso é o espetáculo da luta do Espírito contra a matéria, luta para a conquista do Globo, luta contra os elementos, os flagelos, contra a miséria, a dor e a morte. Por toda parte a matéria se opõe à manifestação do pensamento".

Continua: "O Espírito molda a matéria, comunica-lhe a vida e a beleza. É por isso que a evolução é, por excelência, uma lei de estética. As formas adquiridas são o ponto de partida de formas mais belas. Tudo se liga. A véspera prepara o dia seguinte; o passado gera o futuro. A obra humana, reflexo da obra divina, expande-se em formas cada vez mais perfeitas".

Uma boa parte dos cientistas, de formação materialista, infelizmente ainda permanece na ilusão de que somente a espécie humana está regulada pela lei de progresso.

Ledo engano!

Com a palavra o mestre Léon Denis: "A lei do progresso não se aplica somente ao homem; é universal. Há em todos os reinos da Natureza, uma evolução que foi reconhecida pelos pensadores de todos os tempos. Desde a célula verde, desde o embrião errante, boiando à flor das águas, a cadeia das espécies tem-se desenrolado através de séries variadas, até nós".

Vai mais além: "Cada elo dessa cadeia representa uma forma da existência que conduz a uma forma superior, a um organismo mais rico, mais bem adaptado às necessidades, às manifestações crescentes da vida".

Mas, - acrescenta -, "na escala da evolução, o

pensamento, a consciência e a liberdade só aparecem passados muitos graus. Na planta, a inteligência dormita; no animal, sonha; só no homem acorda, conhece-se, possui-se e torna-se consciente; a partir daí, o progresso, de alguma sorte fatal nas formas inferiores da Natureza, só se pode realizar pelo acordo da vontade humana com as leis Eternas".

Para os materialistas é difícil entender que os animais também progridem como os seres humanos.

Todavia, a compreensão dessa realidade tornar-se-á fácil desde que se reflita que Deus nada cria sem uma finalidade. Toda a criação sai das mãos do Criador de uma forma simples, obedece à lei universal de evolução e fatalmente retorna para Ele perfeita.

Vejamos a pergunta de Kardec, n. 602, em *O Livro dos Espíritos*: Os animais progridem, como o homem, por ato da própria vontade, ou pela força das coisas?

"Pela força das coisas, razão por que não estão sujeitos à expiação", respondem os Espíritos Reveladores.

Como se vê, se os animais possuíssem livre-arbítrio desenvolvido como o homem seriam responsáveis pelos seus atos e, portanto, sujeitos às penalidades da lei de Causa e Efeito, além do que, depois de mortos, também teriam a liberdade de escolher a espécie animal para reencarnar.

Ressaltemos, por oportuno, que o pensamento do filósofo Léon Denis, acima, está de comum acordo com a Filosofia Espírita.

Com a palavra Allan Kardec, na questão n. 603: Nos mundos superiores, os animais conhecem a Deus? – Eis a resposta: "Não. Para eles, o homem é um deus, como outrora os Espíritos eram deuses para o homem".

Aí, evidentemente, os Espíritos Superiores mostram a distância entre o animal e o homem e entre este e Deus.

Não esqueçamos do que Léon Denis nos diz acima, de que tudo na Natureza está perfeitamente conectado por elos que a nossa parca inteligência ainda não pode alcançar.

Veremos o que *O Livro dos Espíritos* nos tem a ensinar.

Kardec, mais uma vez, na questão seguinte, n. 604, pergunta: "Pois que os animais, mesmo os aperfeiçoados, existentes nos mundos superiores, são sempre inferiores ao homem, segue-se que Deus criou seres intelectuais perpetuamente destinados à inferioridade, o que parece em desacordo com a unidade de vistas e de progresso que todas as suas obras revelam".

Ao que respondem os Espíritos Reveladores: "Tudo em a Natureza se encadeia por elos que ainda não podeis apreender. Assim, as coisas aparentemente mais díspares têm pontos de contacto que o homem, no seu estado atual, nunca chegará a compreender. Por um esforço da inteligência poderá entrevê-los; mas, somente quando essa inteligência estiver no máximo grau de desenvolvimento e liberta dos preconceitos do orgulho e da ignorância, logrará ver claro na obra de Deus. Até lá, suas muito restritas ideias lhe farão observar as coisas por um mesquinho e acanhado prisma".

Finaliza: "Sabei não ser possível que Deus se contradiga e que, na Natureza, tudo se harmoniza mediante leis gerais, que por nenhum de seus pontos deixam de corresponder à sublime sabedoria do Criador".

Devemos ter a humildade de reconhecer que ainda somos Espíritos atrasados; que as nossas faculdades de alcance dos mistérios do Universo são bastante limitadas, além do mais somos ainda escravos do orgulho e dos preconceitos científicos, filosóficos e religiosos.

As faculdades de compreensão das causas dos fenômenos da Natureza, ainda permanecem adormecidas em nossos Espíritos. Pois, somente os milênios de evolução intelectual e moral poderão acordá-las.

Os cientistas das diversas espécies animais ainda guardam reserva sobre os pontos de ligações existentes entre a alma dos animais e a do ser humano. Eles não acham que a inteligência é propriedade comum de ambas as espécies.

Entretanto, essa dúvida é dirimida pelo Espiritismo.

Passemos a palavra a Kardec: "A inteligência é então uma propriedade comum, um ponto de contato entre a alma dos animais e a do homem?"

Os Espíritos respondem:

— "É, porém os animais só possuem a inteligência da vida material. No homem, a inteligência proporciona a vida moral". (L. E. questão n. 604).

Os animais das espécies mais evoluídas apresentam comportamentos tão aproximados do indivíduo humano, nos aspectos de inteligência e de sentimentos, às vezes até superiores a alguns humanos, que alguém poderá até admitir a hipótese da antiga e absurda doutrina da metempsicose, ensinada pelas primitivas civilizações, notadamente as indiana e grega.

Metempsicose era a doutrina que admitia a possibilidade de a alma do homem renascer em corpo animal e vice-versa. Ou seja: o Espírito do homem perverso poderia renascer porco, como castigo; ou o porco, o cachorro, o gato, etc, poderia morrer e, em seguida, renascer homem.

Essa teoria, embora desprovida de lógica, porque arrebenta a lei universal de evolução dos seres, teve seus efeitos benéficos nos seios das antigas civilizações. Por quê? Porque seus partidários acreditavam que fazendo o mal e de acordo com a gravidade do crime, poderiam, como castigo, reencarnar como porco, gato, répteis, etc. E amedrontados por tal possibilidade de penalidade, evitavam a prática de muitos males.

Como se vê, é uma doutrina semelhante a do Inferno, criada pela Igreja Católica.

Aquela doutrina multimilenar é incompatível com a reencarnação. É absurda, porque no caso, o Espírito retrogradaria. A alma do homem, ao invés de progredir na mesma espécie humana até se tornar Espírito superior, reencarnando sucessivamente, voltaria a ser animal.

O objetivo da reencarnação é fazer o Espírito evoluir sempre. Progredir não mais como animal, de cujo laço já se desligou no trânsito dos milênios, mas agora na espécie humana.

Vamos passar a palavra ao mestre Allan Kardec que, na questão n. 611, de *O Livro dos Espíritos*, inquire: "O terem os seres vivos uma origem comum no princípio inteligente, não é a consagração da doutrina da metempsicose?"

Eis a resposta:

— "Duas coisas podem ter a mesma origem e absolutamente não se assemelharem mais tarde. Quem reconheceria a árvore, com suas folhas, flores e frutos, no gérmen informe que se contém na semente donde ela surge? Desde que o princípio inteligente atinge o grau necessário para ser Espírito e entrar no período da humanização, já não guarda relação com o seu estado primitivo e já não é a alma dos animais, como a árvore já não é a semente. De animal só há no homem o corpo e as paixões que nascem da influência do corpo e do instinto de conservação inerente à matéria. Não se pode, pois, dizer que tal homem é a encarnação do Espírito de tal animal. Conseguintemente, a metempsicose, como a entendem, não é verdadeira".

A fim de deixar bem clara a profunda diferença existente entre a metempsicose e a reencarnação, Kardec volta a inquirir na questão 612: "Poderia encarnar num animal o Espírito que animou o corpo de um homem?"

Os Espíritos respondem que "isso seria retrogradar e o Espírito não retrograda. O rio não remonta à sua nascente".

Ensina-nos o Espiritismo que os Espíritos, em sua trajetória evolutiva, podem estacionar, fato que pode aumentar sua necessidade de renascer mais vezes. São maus alunos que, por rebeldia, descaso, preguiça, etc, tornam-se reincidentes em seus erros e, assim, estacionários. Porém, mais cedo ou mais tarde, passam a reconhecer tais desvantagens, e então se decidem a acelerar os passos do seu progresso, sempre através das sucessivas reencarnações.

Estacionar, sim; retrogradar, jamais.

Nos caminhos da evolução não existe retorno. Os rios não voltam para suas nascentes, como ensinam os Espíritos Reveladores.

Capítulo 15

Impulsos da evolução (II)

A FILOSOFIA Espírita ensina que o Universo é presidido pela Vontade do Criador. Essa Vontade, infinitamente soberana, rege a evolução dos mundos e dos Espíritos, qualquer que seja o seu estágio evolutivo. Nada escapa às vistas de Deus.

Dissecando os mistérios da evolução dos seres vivos, garimpando mesmo as florestas da Natureza, com toda a sua exuberante criação, o filósofo Léon

Denis, discípulo de Kardec, considerado o poeta do Espiritismo, em sua obra *O Problema do Ser, do Destino e da Dor*, pág. 124 da edição citada, afirma que: "...a ascensão das almas prossegue muito além da cadeia dos mundos materiais".

Ele quer dizer que os mundos materiais, por mais longa que seja a sua existência, é breve, é passageira, em relação aos Espíritos, que são eternos, porque, embora tendo um começo, não terão fim. Fomos criados simples e ignorantes, todos iguais, não sabemos como nem quando (ainda é um mistério para nós), mas jamais seremos destruídos.

Somos imortais.

O mestre Léon Denis, prosseguindo em suas sábias reflexões sobre a seleção natural dos seres vivos, regida pela lei de evolução, à pág. 123, diz que essa lei universal, ao invés de neutralizar a espiritualidade do ser humano, "dá-lhe uma nova sanção", porque ensina como o corpo do homem pode derivar de outra forma inferior pela seleção natural.

Denis, explicando o aparecimento da raça humana na escala dos seres, com fundamento na Embriogenia, diz que o homem "é a síntese de todas as formas vivas que o precederam; que é o último ELO da longa cadeia de vidas inferiores que se desenrola através dos tempos".

Por analogia, ele explica que "assim como cada criança que nasce é a volta de um Espírito que estava em liberdade no Invisível, do mesmo modo o primeiro aparecimento do homem no Planeta deve ser atribuído à intervenção de Espíritos Superiores que dão origem à vida, pela determinação do Criador".

E assim, - segundo suas reflexões -, a essência do princípio inteligente veio "comunicar às formas animais evoluídas o sopro de uma nova vida; vai criar, para a manifestação da inteligência, um órgão até então desconhecido - a PALAVRA. Elemento poderoso de toda a vida social, o VERBO aparecerá e, ao mesmo tempo, a alma encarnada conservará, mediante seu invólucro fluídico, a possibilidade de entrar em relação com o meio donde saiu". (Obra citada, pág. 124).

Em nota de rodapé Denis, em se referindo à origem e a seleção natural das espécies, dos organismos primitivos até o aparecimento do gênero humano, aponta como preferenciais as obras dos sábios cientistas Charles Darwin, autor de *A Origem das Espécies* e outras do gênero, bem como seus contemporâneos Spencer e Haeckel.

Como na época de Denis, - século dezenove -, os cientistas só viam apenas um meio de a Natureza proceder a criação da vida, menosprezando mesmo outras teorias mais avançadas, como as dos três naturalistas acima citados, Denis afirmou categórico:

"... não é possível crer-se que na Natureza, Deus apenas tenha um só e único meio de produzir e desenvolver a vida. O cérebro humano é limitado, as possibilidades da vida são infinitas. Os pobres teoristas, que querem enclausurar toda a Ciência biológica dentro dos estreitos limites de um sistema, fazem-nos sempre lembrar o menino da lenda, que queria meter toda a água do oceano num buraco feito na areia da praia".

Pondo em relevo as teorias dos sábios Darwin, Spencer e Haeckel e outros, como cientistas ligados a sistemas mais avançados, pesquisadores das origens da vida aqui na Terra, Léon Denis, na mesma nota de rodapé da pág. 124, se refere à resposta que Charles Richet, o notável fisiologista francês, declarou ao sábio biólogo também francês, Sully Prudhomme:

"As teorias da seleção são insuficientes. E nós acrescentaremos: Se há unidade de plano, deve haver diversidade nos meios de execução. Deus é o grande artista que, dos contrastes sabe fazer resultar a harmonia".

E finaliza: "Parece que há no Universo duas imensas correntes de vida. Uma sobe do abismo pela animalidade; a outra desce das alturas divinas. Vão ambas ao encontro uma da outra para se unirem e se confundirem e mutuamente se atraírem. Não é essa a significação que tem a escada do sonho de Jacob?"

Como vemos, é admirável esse raciocínio do sábio francês e pai da Metapsíquica, disciplina científica que fundou no século dezenove para combater o Espiritismo. Mas, depois de exaustivas pesquisas no terreno vastíssimo da mediunidade, observando com excesso de rigor, as manifestações dos Espíritos, bem assim submetendo os médiuns a radicais investigações, enfim, curvou-se à realidade e teve a humildade de escrever ao seu colega e não menos sábio, o famoso cientista italiano Ernesto Bozzano, declarando que Allan Kardec estava com a razão.

Todos nós sabemos, com a Filosofia Espírita, que a Natureza está em perpétua reciclagem, em permanente renovação. Tudo que nasce, morre. E morre, para renascer mais aperfeiçoado.

Isto nos faz lembrar a máxima atribuída ao mestre Kardec, insculpida no frontispício do seu dólmen, cuja pedra que lhe serve de teto pesa seis toneladas, no cemitério Père Lachaise. (Veja-se o terceiro volume da obra Allan Kardec, pág. 140, 1ª edição FEB, da autoria de Zêus Wantuil e Francisco Thiesen).

A máxima, que sintetiza a lei de evolução e justiça, é esta:"Naitre, mourir, renaitre encore et progresso sans cesse telle est la loi".Ou seja: "Nascer, morrer, renascer ainda e progredir sem cessar, tal é a lei".

Voltando a Léon Denis, ele diz em sua obra já citada que a Natureza em sua prodigiosa fecundidade, gera novos seres, mas logo a morte ceifa em suas fileiras cerradas. Entretanto, horrível à primeira vista, essa aparente destruição, é necessária ao desenvolvimento do princípio de vida.

É, como escreve Denis, uma luta do princípio inteligente para se libertar da escravização das forças da materialidade. E somente nascendo, morrendo, renascendo ainda e progredindo sempre, ocorrerá a libertação.

Como ensina o filósofo francês, é na luta que a vontade se apura e afirma; é da dor que nasce a sensibilidade da alma.

Denis vai mais além ao afirmar que a evolução material dos seres vivos e sua destruição é transitória, pois representa a etapa primária da "epopeia da vida"; e que as realidades imperecíveis estão localizadas no Espírito imortal, que sobrevive a todas as lutas.

Em relação aos corpos que a alma se reveste em suas sucessivas encarnações, aqui ou em outros mundos, Deniz diz: "Todos esses invólucros efêmeros não são mais do que vestuários que vêm ajustar-se à sua forma fluídica permanente. Cobre-os com vestuários para representar os numerosos atos do drama da evolução no vasto palco do Universo."

Isso quer dizer, portanto, que toda vez que o Espírito reencarna, aloja-se em um corpo diferente, para assumir o papel de ator no palco da vida física.

Em suas profundas reflexões sobre as origens e evolução da alma, que passa pelos seres mais rudimentares da Natureza até à espécie humana, Denis elucida com propriedade:

"Emergir grau a grau do abismo da vida para tornar-se Espírito, gênio superior, e isto por seus próprios méritos e esforços, conquistar o futuro hora a hora, ir-se libertando dia a dia um pouco mais da ganga das paixões, desânimo, resgatar-se pouco a pouco das suas fraquezas, da sua ignorância, ajudando os seus semelhantes a se resgatarem por sua vez, arrastando todo o meio humano para um estado superior, tal é o papel distribuído a cada alma. Para desempenhá-lo, tem ela à sua disposição toda a série de existências inumeráveis na escala magnífica dos mundos". (Pág. 125 da obra citada).

Capítulo 16

Impulsos da evolução (III)

EM *O Evangelho Segundo o Espiritismo*, cap. III, o Espírito Santo Agostinho, que fez parte da falange de Espíritos superiores, responsáveis pela Revelação Espírita, em mensagem de 1862, em Paris, em seus comentários sobre o progresso dos mundos e dos seres vivos, diz: "O progresso é lei da Natureza. A essa lei todos os seres da Criação, animados e inanimados, foram submetidos pela bondade de Deus, que quer que tudo se engrandeça e prospere".

"A própria destruição, - prossegue -, que aos homens parece o termo final de todas as coisas, é apenas um meio de se chegar, pela transformação, a um estado mais perfeito, visto que tudo morre para renascer e nada sofre o aniquilamento".

Essa sabedoria de um dos maiores sábios teólogos da Igreja Católica, quando esteve aqui reencarnado, nos faz lembrar a máxima do grande cientista francês, Lavoisier: "Em a Natureza nada se cria, nada se destrói; tudo se transforma".

Santo Agostinho também nos diz, na mesma mensagem, que ao mesmo tempo em que todos os seres vivos progridem moralmente, progridem materialmente os mundos em que eles habitam.

Prossegue em suas reflexões o filho de Santa Mônica: "Quem pudesse acompanhar um mundo em suas diferentes fases, desde o instante em que se aglomeram os primeiros átomos destinados a constituí-lo, vê-lo-ia a percorrer uma escala incessantemente progressiva, mas de degraus imperceptíveis para cada geração, e a oferecer aos seus habitantes uma morada cada vez mais agradável, à medida que eles próprios avançam na senda do progresso".

Vejamos agora o que o filho de Santa Mônica nos diz sobre a evolução dos vegetais, dos animais, da espécie humana e dos mundos: "Marcham, assim, paralelamente, o progresso do homem, o dos animais, seus auxiliares, o dos vegetais e o da habitação, porquanto nada em a Natureza permanece estacionário".

Mas não esqueçamos que essa evolução, esse permanente progresso só acontece através das sucessivas reencarnações do princípio anímico, ou seja, da energia inteligente (a alma) dos seres vivos.

Santo Agostinho vai mais além: "Quão grandiosa é essa ideia e digna da majestade do Criador! Quanto ao contrário, é mesquinha e indigna do Seu poder a que concentra a Sua solicitude e a Sua providência no imperceptível grão de areia, que é a Terra, e restringe a Humanidade aos poucos homens que a habitam!"

Como vemos, é profundamente mesquinha a ideia de que Deus limita todo o Seu poder, todas as Suas leis e restringe toda a Sua criação, desde os seres mais inferiores aos anjos e arcanjos, ao mundo Terra. Planeta, na verdade, que não passa de um pequenino caroço de chumbo na imensidade infinita do Universo.

O filho de Santa Mônica, ao encerrar a sua mensagem, diz que este nosso mundo, obedecendo a lei universal de progresso, esteve material e moralmente num estado inferior ao que hoje se encontra, mas sem dúvida progredirá sob esse duplo aspecto, material e moral, e chegará a um grau mais elevado.

É uma transformação gradativa, em que passará de mundo de expiação e de provas, para mundo de regeneração, onde a Humanidade será feliz, porque "nele imperará a lei de Deus".

Nesse sentido, não devemos esquecer que há milênios o nosso mundo era primitivo, onde as nossas moradias eram as cavernas. E antes dessa etapa, que já era avançada, éramos seres mais inferiores, talvez pertencêssemos a uma espécie intermediária entre os chimpanzés e os homens das cavernas.

Hoje, impulsionados pela lei de progresso, estamos mais civilizados, mais aperfeiçoados intelectual e moralmente, além de termos condições de vida mais confortáveis, encarnados em corpos mais belos.

Lembrando Léon Denis, a lei universal de evolução não apenas trabalha no aspecto moral-intelectual do homem, por dentro, mas também no aspecto estético, tornando-o fisicamente mais belo.

Mas todo esse progresso é uma decorrência natural da evolução da alma em suas sucessivas reencarnações.

Que diz o sábio Espírito Emmanuel, guia espiritual de Chico Xavier, sobre o aparecimento dos primeiros seres vivos da Terra e sobre a lei de evolução dos seres?

Segundo esse venerável Espírito, em seu livro *A Caminho da Luz*, ainda desconhecido de muitos estudiosos do Espiritismo, em sua 16ª. edição FEB, pág. 26, afirma que as formas de todos os reinos da Natureza do Planeta Terra foram estudadas e previstas pelos Espíritos Superiores, os engenheiros siderais.

Que os fluidos da vida, – diz –, foram manipulados de modo a se adaptarem às condições físicas do planeta, encenando-se as construções celulares segundo as possibilidades do ambiente terrestre, tudo obedecendo a um plano preestabelecido pela misericordiosa sabedoria do Cristo, consideradas as leis do princípio e do desenvolvimento geral.

Esse ensino de Emmanuel leva-nos ao entendimento de que, nas construções dos mundos e na formação das suas humanidades, Deus manifesta Sua vontade e os Espíritos puros, que formam o Seu Ministério Celestial, assimilam Sua vontade, planejam e executam as construções dos planetas, estudam e planejam as espécies que irão habitá-los, espalhando as sementes da vida quando o ambiente do planeta estiver em condições de recebê-las. Mas tudo é sempre regido pela lei universal de evolução.

Vejamos agora o que nos diz Emmanuel sobre a origem da vida aqui na Terra.

Com a palavra o guia de Chico Xavier: "Dizíamos que uma camada de matéria gelatinosa envolvera o orbe terreno em seus mais íntimos contornos. Essa matéria, amorfa e viscosa, era o celeiro sagrado das sementes da vida".

Eis a importância do PROTOPLASMA na formação de todos os seres vivos.

Emmanuel com a palavra: "O protoplasma foi o embrião de todas as organizações do globo terrestre, e, se essa matéria, sem forma definida, cobria a crosta solidificada do planeta, em breve a condensação da massa dava origem ao surgimento do núcleo, iniciando-se as primeiras manifestações dos seres vivos".

Eis aí, pois, as sementes da vida elaboradas e organizadas no plano espiritual, trazidas e semeadas aqui no mundo pelos Espíritos responsáveis pela formação e evolução da Terra.

Acrescenta Emmanuel, que os primeiros habitantes do planeta, no plano material, foram as "células albuminóides, as amebas e todas as organizações unicelulares, isoladas e livres, que se multiplicaram prodigiosamente na temperatura tépida dos oceanos".

Esclarece Emmanuel que ao longo do tempo (naturalmente dos milênios) esses "seres primordiais se moveram ao longo das águas, onde absorveram o oxigênio necessário ao sustento da vida, elemento que a terra firme não possuía ainda em proporções de manter a existência animal, antes das grandes vegetações; esses seres rudimentares somente revelaram um sentido - o do tato, que deu origem a todos os outros, em função de aperfeiçoamento dos organismos superiores".

Entretanto, é bom não esquecermos que nessas sementes da vida física dos seres vivos, jazia latente a energia do princípio espiritual, ou da alma anímica, que marcharia fatalmente para as espécies mais evoluídas do reino animal, até desaguar na espécie humana.

Não esqueçamos que em *O Livro dos Espíritos*, já citado em capítulos anteriores, os Espíritos Reveladores responderam a Kardec que a alma do homem, obedecendo à lei de evolução, passou pelos seres mais rudimentares da Criação, em cujos seres, que ignoramos sua totalidade, o princípio inteligente se elaborou e se ensaiou para a vida.

É oportuno lembrar a célebre frase do filósofo espírita Léon Denis: "A alma dorme no mineral, sonha no vegetal, movimenta-se no animal e desperta no homem".

Eis aí, pois, a síntese da lei universal de evolução.

FIM